होलसेल से मेगा-सेल तक

रिटेलर्स को खुश रखने, फास्ट-सेलिंग माल चुनने और डेड स्टॉक से बचने की रणनीति

होलसेल से मेगा-सेल तक

रिटेलर्स को खुश रखने, फास्ट-सेलिंग माल चुनने और डेड स्टॉक से बचने की रणनीति

Vivek Narnolia

Textile Entrepreneur

Available on amazonkindle

Worldwide Published by

Pendown Press

PREMIUM BUSINESS PUBLISHER

PENDOWN PRESS LLP

An ISO 9001 & ISO 14001 Certified Co.,

Regd. Office: 3767A, Kanhaiya Nagar,

Tri Nagar, Delhi-110035

Ph.: 8130886000, 9650072927

E-mail: info@pendownpress.com

Branch Office: 1A/2A, 20, Hari Sadan, Ansari Road,

Daryaganj, New Delhi-110002

Ph.: 011-45794768

Website: PendownPress.com

Edition: 2025

Price: ₹ 299

ISBN: 978-93-7217-575-2

Layout and Cover Designed by Pendown Graphics Team

Printed and Bound in India by Thomson Press India Ltd.

विषय-सूची

आभार

मेरे माता-पिता, श्री मुरारी लाल और श्रीमती मंजू देवी का,

जिन्होंने हमेशा मेरे जीवन को सही दिशा दी। अपने प्यार, संस्कार और मार्गदर्शन से मुझे यहाँ तक पहुँचाया। आपकी हर सीख, हर आशीर्वाद के लिए दिल से धन्यवाद।

मेरी जीवनसाथी, निशा का,

जो हर परिस्थिति में मेरा सबसे बड़ा सहारा बनीं। मेरे उतार-चढ़ाव भरे सफर में आपने जिस धैर्य, समझ और प्रेम से साथ निभाया, उसके लिए मैं आपका आभारी हूँ।

मेरे बच्चे रियाना, समैरा और कृषिव का,

जिनकी मुस्कुराहट मेरी सबसे बड़ी प्रेरणा है। उनका प्यार मेरे हर संघर्ष को आसान बना देता है।

बड़े भाई प्रदीप भैया का,

जिन्होंने हमेशा मुझे हौसला दिया, बिज़नेस में समझदारी सिखाई और मेरे हर फैसले में भरोसा दिखाया। आपका साथ मेरे लिए किसी अमूल्य तोहफे से कम नहीं।

मेरी MP FAB की पूरी टीम,

जो मेरे सपनों को हकीकत में बदलने में मेरे सबसे बड़े साथी हैं। आपके परिश्रम, निष्ठा और कमिटमेंट के बिना यह सब संभव नहीं था।

मेरे सभी व्होलसेलेर्स, रिटेलर्स और सप्लायर्स का,

जिन्होंने मुझ पर और MP FAB पर विश्वास किया, साथ चले और इस सफर को इतना शानदार बनाया।

मेरे मित्र, पेनडाउन प्रेस के सीईओ, श्री दिनेश वर्मा और उनकी टीम का,

जिन्होंने इस किताब की पूरी क्रिएटिव प्रक्रिया में मुझे लगातार सपोर्ट किया। उनकी टीम ने हर स्टेज पर सही सलाह दी, चाहे वह कंटेंट को बेहतर बनाने की बात हो या डिजाइन और प्रेजेंटेशन को प्रभावशाली बनाने की।

और अंत में, मेरे सभी प्रियजनों का,

जो इस यात्रा में मेरे साथ रहे हैं - आपके अटूट समर्थन, प्रोत्साहन और स्नेह के लिए धन्यवाद। भले ही आपके नाम का उल्लेख न किया गया हो, लेकिन आप हमेशा मेरे दिलों में एक खास स्थान रखते हैं।

आप सभी के सहयोग के बिना मेरा निश्चिंत होकर आगे बढ़ना संभव नहीं था।

यह किताब क्यों?

कई सालों से इस इंडस्ट्री से जुड़े रहने के बाद, एक बात अब साफ़ नजर आ रही है — बदलाव तेज़ हो गया है। टेक्सटाइल होलसेल इंडस्ट्री तेजी से बदल रही है। अगर आप भी ऐसा ही सोचते हैं, तो ये कुछ बदलाव आप भी जरूर महसूस करते होंगे, जैसे:

- जो होलसेलर्स पहले तेजी से ग्रो कर रहे थे, वे अब अपने टॉप रिटेलर्स को खो रहे हैं और उन्हें समझ ही नहीं आ रहा कि ऐसा क्यों हो रहा है।
- सूरत अब सीधे रिटेलर्स को माल बेच रहा है, जिससे होलसेलर्स के लिए खतरा और भी बढ़ गया है।
- रिटेलर्स के पास अब पहले से कहीं ज्यादा विकल्प हैं, जिससे वे होलसेलर्स पर कम निर्भर हो गए हैं।

सीधी बात कहें तो, पारंपरिक होलसेल बिज़नेस पर खतरा मंडरा रहा है।

- कई होलसेलर्स आज भी 10 साल पुराने तरीके से काम कर रहे हैं, बिना यह जाने कि उनका बिज़नेस धीरे-धीरे कमजोर हो रहा है और बाजार उनसे आगे निकलता जा रहा है।
- कई रिटेलर्स सोचते हैं कि सूरत से सीधा माल लेना उनके लिए सबसे सही है—जब तक वे इसके छिपे हुए खतरे नहीं देख लेते।

यह किताब सिर्फ एक चेतावनी नहीं है—यह आपके बिज़नेस को बचाने और आगे बढ़ाने की गाइड है, ताकि आप बदलते वक्त के साथ कदम से कदम मिला सकें।

यह किताब किसके लिए है?

यह किताब है:

- उन होलसेलर्स के लिए जो सूरत और डायरेक्ट मैन्युफैक्चरर्स की बढ़ती चुनौती से अपने बिज़नेस को बचाना और मजबूत बनाना चाहते हैं।
- उन रिटेलर्स के लिए जो यह समझना चाहते हैं कि सूरत पर पूरी तरह निर्भर रहने के क्या जोखिम हैं और एक अच्छा एवं भरोसेमंद होलसेलर उनके लिए कितना फायदेमंद साबित हो सकता है।
- उन बिज़नेस ओनर्स के लिए जो सिर्फ कीमत पर नहीं, बल्कि वैल्यू पर फोकस करके बाज़ार में खुद को अलग और आगे रखना चाहते हैं।

अगर आप टेक्सटाइल इंडस्ट्री में हैं, तो यह किताब आपके बिज़नेस को एक नई दिशा और नई सोच दे सकती है।

इस किताब से आप क्या सीखेंगे?

अगर आप टेक्सटाइल बिज़नेस में टिके रहना ही नहीं, आगे भी बढ़ना चाहते हैं—तो यह किताब आपके लिए एक आइना बन सकती है।

इस किताब से आप सीखेंगे कि:

- होलसेलर्स अपने टॉप रिटेलर्स को क्यों खो रहे हैं और इसे कैसे रोका जाए।
- सूरत से सीधा माल लेने के छिपे हुए खतरे, जिनके बारे में रिटेलर्स को कोई नहीं बताता।
- कैसे आप एक ऐसा बिज़नेस बना सकते हैं जिस पर रिटेलर्स भरोसा करें और बार-बार खरीदारी करें।
- कैसे एक होलसेलर सिर्फ सप्लायर नहीं, बल्कि रिटेलर्स का बिज़नेस ग्रोथ पार्टनर बन सकता है।

यह किताब आपकी नींद खोलने के लिए और आपके बिज़नेस को नई ऊंचाइयों तक ले जाने के लिए लिखी गई है।

इसे पढ़ें, इसे अपनाएँ, और अपने बिज़नेस को बदलते देखें।

अध्याय 1

टेक्सटाइल होलसेल मार्केट बदल चुका है
क्या आप तैयार हैं?

परिचय: टेक्सटाइल बिजनेस पहले जैसा नहीं रहा

सोचिए, 10 साल पहले होलसेलर का बाजार पर पूरा कंट्रोल था। रिटेलर्स को मजबूरी में होलसेलर्स से ही माल खरीदना पड़ता था। बिजनेस का तरीका सिंपल था – होलसेलर सूरत से माल लाते, अपना मार्जिन जोड़ते और लोकल रिटेलर्स को बेचते। बिक्री अच्छी होती थी, मुनाफा ठीक था और ग्राहक लंबे समय तक जुड़े रहते थे।

लेकिन आज की स्थिति बिल्कुल बदल चुकी है।

रिटेलर्स अब पहले जैसे सीमित नहीं रहे। सूरत के मैन्युफैक्चरर्स और बड़े होलसेलर्स ने मार्केट का पूरा खेल बदल दिया है। आज, कई बड़े रिटेलर्स होलसेलर को छोड़कर सीधा सूरत से खरीदारी कर रहे हैं।

अगर आप एक मीडियम लेवल होलसेलर हैं, तो शायद आप ये बदलाव महसूस कर रहे होंगे:

- बड़े रिटेलर्स अब आपसे माल नहीं खरीद रहे हैं।
- सेल्स लगातार घट रही है और कम्पटीशन बढ़ता जा रहा है।
- रिटेलर्स हर चीज़ का प्राइस चेक कर रहे हैं और भारी मोलभाव कर रहे हैं।
- जो होलसेलर्स कभी बाजार के किंग थे, वे अब टिके रहने के लिए संघर्ष कर रहे हैं।

आखिर ऐसा क्यों हो रहा है और इससे उबरने का रास्ता क्या है?

इस अध्याय में हम उन **तीन बड़े बदलावों** को समझेंगे, जिन्होंने टेक्सटाइल होलसेल बिजनेस की नींव को हिला कर रख दिया है।

टेक्सटाइल होलसेल मार्केट में बड़े बदलाव

अगर आपको अपने बिजनेस को बचाना और आगे बढ़ाना है, तो आपको ये समझना होगा कि बाजार में कौन-कौन से बदलाव हो रहे हैं जो आपके खिलाफ काम कर रहे हैं।

1. सूरत के मैन्युफैक्चरर्स अब सीधे रिटेलर्स को बेच रहे हैं

इससे क्या हो रहा है?

- पहले, मैन्युफैक्चरर्स सिर्फ होलसेलर्स को ही बड़े ऑर्डर्स में माल बेचते थे।
- लेकिन अब वे सीधे रिटेलर्स को भी सप्लाई करने लगे हैं।
- WhatsApp कैटलॉग, एग्जीबिशन और ट्रेड शोज़ के जरिए रिटेलर्स को सूरत तक पहुंचना आसान बना दिया है ।
- बिना होलसेलर के मार्जिन के मैन्युफैक्चरर्स माल सस्ते में ऑफर कर पा रहे हैं।

होलसेलर्स पर इसका असर

- रिटेलर्स सोचने लगे हैं, "जब मुझे सीधा सूरत से सस्ता मिल सकता है, तो मैं होलसेलर से क्यों खरीदूं?"
- जो होलसेलर्स सिर्फ प्राइस पर कम्पटीशन करते हैं, वे इस स्थिति में टिक नहीं पाएंगे।
- कई रिटेलर्स साल में 3-4 बार सूरत जाकर खुद स्टॉक ले रहे हैं।

आपके लिए सीख

अगर आपको रिटेलर्स को रोकना है, अगर आप चाहते हैं कि रिटेलर्स आपसे जुड़े रहें, तो आपको वैल्यू ऐड करनी होगी – सर्विस, रिलेशनशिप और भरोसे के ज़रिए।

2. बड़े होलसेलर्स अब मार्केट पर कब्जा कर रहे हैं

इससे क्या हो रहा है?

- बड़े होलसेलर्स के पास बेहतर सप्लायर नेटवर्क है, जिससे वे नए ट्रेंड के डिजाइन सबसे पहले मार्केट में ला सकते हैं।
- वे तेजी से डिलीवरी, बेहतर सर्विस और एक्सक्लूसिव डील्स दे रहे हैं, जो छोटे या मीडियम होलसेलर्स के लिए संभव नहीं है।
- वे सिर्फ ट्रेडिंग नहीं कर रहे, बल्कि बिजनेस को प्रोफेशनल तरीके से चला रहे हैं।
- वे WhatsApp ऑटोमेशन, CRM और डिजिटल सेल्स तकनीकों का इस्तेमाल कर रहे हैं।

मीडियम होलसेलर्स पर इसका असर

- रिटेलर्स बड़े होलसेलर्स पर ज्यादा भरोसा कर रहे हैं, क्योंकि उनकी सप्लाई, कलेक्शन और सर्विस ज्यादा प्रोफेशनल है।

- मीडियम होलसेलर्स जो डिजिटल अपग्रेड नहीं कर रहे, वे पीछे छूट रहे हैं।
- जो सिर्फ प्राइस पर कम्पटीशन कर रहे हैं, वे मार्केट में टिक नहीं पा रहे हैं।

आपके लिए सीख

अगर आप सिर्फ एक ट्रेडर बने रहेंगे, तो आपके ग्राहक धीरे-धीरे बड़े होलसेलर्स की तरफ शिफ्ट हो जाएंगे।

3. रिटेलर्स का खरीदारी करने का तरीका बदल गया है

इससे क्या हो रहा है?

- रिटेलर्स अब होलसेलर पर ट्रेंड अपडेट के लिए निर्भर नहीं हैं।
- वे सोशल मीडिया, फैशन इंफ्लुएंसर्स और सीधे सूरत से अपडेट ले रहे हैं।
- वे सिर्फ सस्ती कीमत नहीं बल्कि यूनिक डिज़ाइन और जल्दी बिकने वाला स्टॉक चाहते हैं।
- वे WhatsApp और ऑनलाइन टचप्वाइंट से रेगुलर अपडेट चाहते हैं।

होलसेलर्स पर इसका असर

- जो होलसेलर्स सिर्फ सस्ता माल बेच रहे हैं, वे अटक गए हैं।
- जिनके पास यूनिक डिज़ाइन और नए कलेक्शन नहीं हैं, वे धीरे-धीरे रिटेलर्स खो रहे हैं।
- जो होलसेलर्स WhatsApp और डिजिटल एंगेजमेंट नहीं कर रहे, वे बाजार से गायब हो रहे हैं।

आपके लिए सीख

जो होलसेलर्स रिटेलर्स की जरूरत को समझेंगे और उनके बिजनेस में वैल्यू ऐड करेंगे, वही टिक पाएंगे।

हकीकत: या तो बदलें या बाजार से बाहर हो जाएं

अगर आप अभी भी पुराने तरीकों से बिजनेस कर रहे हैं, तो आप खतरे में हैं।

- अगर बड़े रिटेलर्स आपसे खरीदना बंद कर रहे हैं, तो आपको अपने बिजनेस मॉडल पर काम करने की जरूरत है।
- अगर सेल्स गिर रही है, तो इसका मतलब है कि बाजार बदल चुका है।
- अगर आप सिर्फ छोटे रिटेलर्स पर निर्भर हैं, तो यह साफ संकेत है कि बड़े खिलाड़ी आपकी जगह ले रहे हैं।

हर गिरावट एक मैसेज देती है — या तो बदलो, या गायब हो जाओ।

लेकिन अच्छी खबर यह है कि:

- मीडियम होलसेलर्स भी सफल हो सकते हैं।
- अगर आप स्मार्ट तरीके से बिजनेस करेंगे, तो कीमत की बजाय वैल्यू से जीत सकते हैं।
- अगर आप सही स्ट्रेटजी अपनाएंगे, तो आप टॉप रिटेलर्स को वापस ला सकते हैं।

अब क्या करें? अगला कदम क्या है?

अब आप समझ चुके हैं कि बाजार में बदलाव आ चुका है। लेकिन समस्या समझने से कुछ नहीं होगा, आपको समाधान भी चाहिए।

अगले अध्याय में आप जानेंगे:

- कैसे रिटेलर्स को फिर से अपनी ओर आकर्षित करें।
- कैसे अपने बिजनेस मॉडल को अपग्रेड करके नए जमाने के होलसेलर बनें।
- कैसे डिजिटल टूल्स और सही रणनीति से अपनी बिक्री को बढ़ाएं।

अगर आप वाकई अपने होलसेल बिजनेस को बचाना और आगे बढ़ाना चाहते हैं, तो अगला अध्याय आपके लिए बहुत जरूरी है!

अध्याय 2

क्यों रिटेलर्स आपको छोड़कर सीधे सूरत से खरीद रहे हैं?

परिचय: आपका सबसे बड़ा ग्राहक चुपचाप आपको छोड़ रहा है

सोचिए – आपका एक बड़ा रिटेलर जो आपसे सालों से खरीदारी कर रहा था, अचानक ऑर्डर कम कर देता है।

- वो कॉल करना कम कर देता है।
- हर बार सिर्फ भाव पूछता है, पर माल नहीं उठाता।
- कुछ समय बाद, आप सुनते हैं कि वह अब सीधे सूरत से खरीद रहा है।

आप सोच सकते हैं

- *"शायद अभी उसका बिजनेस धीमा चल रहा है।"*
- *"शायद अगले महीने वापस ऑर्डर देगा।"*
- *"अगर मैं उसे कम दाम में माल दूंगा, तो वह फिर से खरीदना शुरू कर देगा।"*

लेकिन ऐसा नहीं होने वाला।

यह कोई अस्थायी बदलाव नहीं है — यह बाजार का एक बड़ा शिफ्ट है।

रिटेलर्स अब सिर्फ कम दाम के लिए नहीं, बल्कि बेहतर सर्विस, नए डिज़ाइनों और डायरेक्ट सोर्सिंग के फायदों की वजह से सीधे सूरत जा रहे हैं। वे एक नए युग की ओर बढ़ रहे हैं जहाँ सिर्फ सस्ती कीमत ही नहीं, बल्कि स्पीड, कस्टमाइजेशन, और ट्रेंडिंग स्टाइल्स भी महत्वपूर्ण हैं। अगर आप इस बदलाव को नहीं समझेंगे और सही कदम नहीं उठाएंगे, तो आपका बिजनेस धीरे-धीरे खत्म हो सकता है।

इस अध्याय में आप जानेंगे

- ➢ रिटेलर्स अब आपको छोड़कर सीधे सूरत क्यों जा रहे हैं?
- ➢ वे सूरत से खरीदकर क्या-क्या फायदे उठा रहे हैं?
- ➢ आप इस बदलाव को कैसे रोक सकते हैं और अपने ग्राहकों को वापस ला सकते हैं?

1. क्यों रिटेलर्स सीधे सूरत से खरीद रहे हैं?

रिटेलर्स तीन मुख्य कारणों से सूरत से डायरेक्ट माल उठा रहे हैं:

1.1 कम कीमत और बिचौलियों से छुटकारा

रिटेलर्स सूरत से सिर्फ इसलिए नहीं खरीद रहे क्योंकि वहाँ माल सस्ता है—बल्कि इसलिए क्योंकि उन्हें लगता है कि वे असली फैक्ट्री प्राइस पर डील कर रहे हैं।

इससे क्या हो रहा है?

- सूरत के मैन्युफैक्चरर्स बिना किसी बिचौलिए के सीधे रिटेलर्स को माल बेच रहे हैं।
- रिटेलर्स को लगता है कि वे मार्जिन बचाकर अपने प्रॉफिट को बढ़ा सकते हैं।

- कई सूरत सप्लायर्स बड़े ऑर्डर पर एक्स्ट्रा डिस्काउंट भी दे रहे हैं।
- कुछ सप्लायर्स लॉजिस्टिक सपोर्ट भी दे रहे हैं, जिससे डिलीवरी आसान हो जाती है।

उदाहरण:

एक रिटेलर पहले आपसे ₹200 प्रति पीस में माल खरीदता था। अब वह वही माल सूरत से ₹170 में खरीद रहा है, क्योंकि उसमें आपका मार्जिन नहीं जुड़ा। ₹30 प्रति पीस का अंतर उसकी कुल कमाई पर भारी असर डालता है!

हकीकत: अगर आप सिर्फ प्राइस पर कम्पटीशन करेंगे, तो आप हमेशा सूरत से हारेंगे।

1.2 तेजी से बदलते ट्रेंड और ज्यादा डिज़ाइन ऑप्शन

आज का रिटेलर सिर्फ सस्ता माल नहीं चाहता, बल्कि उसे नए और ट्रेंडी डिज़ाइन चाहिए, वो भी सबसे पहले!

इससे क्या हो रहा है?

- सूरत हर हफ्ते नए डिज़ाइन लॉन्च करता है, जबकि अधिकतर होलसेलर्स पुराने स्टॉक के खत्म होने का इंतजार करते हैं।
- सूरत के सप्लायर्स मार्केट ट्रेंड्स पर तुरंत काम करते हैं और वही डिज़ाइन बेचते हैं जो तेजी से चलते हैं।
- डायरेक्ट खरीदने वाले रिटेलर्स को लगता है कि उन्हें ट्रेंडी डिज़ाइन सबसे पहले मिल रहे हैं।

उदाहरण:

एक रिटेलर हर 3 महीने में सूरत जाकर खुद डिज़ाइन चुनता है। जब तक वही डिज़ाइन लोकल होलसेलर्स के पास आता है, तब तक वह पुराना हो चुका होता है!

हकीकत: अगर आप सिर्फ जो सप्लायर दे रहा है वही बेचते हैं, तो रिटेलर्स को कोई कारण नहीं मिलेगा आपसे खरीदने का।

1.3 एक्सक्लूसिव कलेक्शन और कस्टमाइज़ेशन

रिटेलर्स चाहते हैं कि उनके पास ऐसे डिज़ाइन हों जो हर दुकान पर उपलब्ध न हों। अगर हर जगह वही माल मिलेगा, तो प्राइस वार शुरू हो जाएगी और उनका मुनाफा कम होगा।

इससे क्या हो रहा है?

- सूरत सप्लायर्स बड़े ग्राहकों को कस्टम ऑर्डर और एक्सक्लूसिव डिज़ाइन देने लगे हैं।
- रिटेलर्स को लगता है कि डायरेक्ट खरीदने से उन्हें यूनिक प्रोडक्ट्स मिल सकते हैं।
- एक्सक्लूसिव डिज़ाइन = बेहतर मुनाफा और ग्राहक वफादारी।

उदाहरण:

एक रिटेलर को सूरत से ऐसा डिज़ाइन मिला जो उसके शहर में किसी और के पास नहीं था। वह उसे ₹200 के बजाय ₹250 में बेच सका, सिर्फ इसलिए कि वह यूनिक था!

हकीकत: अगर आप एक्सक्लूसिव डिज़ाइन नहीं देंगे, तो रिटेलर्स आपको छोड़ देंगे।

2. होलसेलर्स की गलतियाँ, जो रिटेलर्स को दूर कर रही हैं

2.1 सिर्फ कम कीमत पर फोकस करना

कम कीमत से ग्राहक नहीं टिकते, उन्हें बेहतर सर्विस और यूनिक डिज़ाइन चाहिए।

सॉल्यूशन:

- सिर्फ प्राइस कम करने की बजाय एक्सक्लूसिव कलेक्शन और लेटेस्ट ट्रेंड अपडेट्स पर ध्यान दें।

2.2 पुराने डिज़ाइन और धीमी सर्विस

अगर आपका कलेक्शन अपडेट नहीं हो रहा, तो रिटेलर्स जल्दी ही नए सोर्स ढूंढ लेंगे।

सॉल्यूशन:

- सिर्फ वही डिज़ाइन रखें जो तेजी से बिकते हैं।
- हफ्ते में कम से कम एक बार नया कलेक्शन अपडेट करें।
- ट्रेंड को पकड़ने के लिए मार्केट विज़िट या सोशल मीडिया फीडबैक को भी ट्रैक करें।

2.3 कमजोर ग्राहक सेवा और धीमी ग्रॉस रिटर्न प्रक्रिया

रिटेलर्स चाहते हैं कि होलसेलर न सिर्फ जल्दी रिप्लाई दे, बल्कि उनकी ज़रूरतों को समझे और फास्ट एक्शन लें।

सॉल्यूशन:

- WhatsApp ऑटोमेशन और टेम्पलेट रिप्लाई का इस्तेमाल करें।
- ग्राहकों से लगातार संपर्क में रहें, उनके सवालों को अनदेखा न करें।
- रिटर्न और कलेक्शन प्रोसेस को टाइमबाउंड बनाएं।

3. समाधान: अपने रिटेलर्स को कैसे बचाएं और वापस लाएं?

- सिर्फ प्राइस पर कम्पटीशन करने की बजाय, बेहतर सर्विस और ट्रेंड अपडेट पर फोकस करें।

- एक्सक्लूसिव डिज़ाइन और यूनिक कलेक्शन उपलब्ध कराएं।
- WhatsApp और डिजिटल टूल्स का सही और स्मार्ट उपयोग करें।

निष्कर्ष: अब भी वक्त है, लेकिन तुरंत एक्शन लें!

अगर आप चाहते हैं कि आपके ग्राहक सिर्फ आपसे ही खरीदें, तो आपको उनके लिए अवश्यक बनना पड़ेगा।

केस स्टडी: जब बिज़नेस चुपके से निकल जाता है

एक होलसेलर थे, कानपुर से। 2020 से पहले उनका बिज़नेस बहुत अच्छा चल रहा था। उनके पुराने रिटेलर्स उनसे जुड़कर सीजन-दर-सीजन अच्छा माल उठाते थे, और उनका आपसी रिश्ता भी बहुत मज़बूत था।

लेकिन धीरे-धीरे, वो रिटेलर्स उनसे संपर्क करना कम करने लगे। शुरुआत में, होलसेलर को लगा कि शायद उन दुकानदारों की बिक्री कम हो गई है या फिर उन्होंने अब कुछ और आइटम जैसे रेडीमेड कपड़े, कुर्तियाँ आदि बेचना शुरू कर दिया है, जो वे खुद नहीं रखते थे।

पर कुछ महीनों बाद, होलसेलर को एक और गहरी सच्चाई का अहसास हुआ। उन्हें पता चला कि रिटेलर्स अब साड़ी का माल सूरत से सीधे मैन्युफैक्चरर्स या ट्रेडर्स से खरीदने लगे थे। यह सिर्फ एक बिज़नेस शिफ्ट नहीं था, बल्कि यह एक संकेत था कि रिटेलर्स के लिए **नई डिज़ाइन**, **तेज़ डिलीवरी**, और **बेहतर कस्टमर सर्विस** की उम्मीदें बढ़ गई थीं, और उन्होंने खुद को बदलाव के साथ नहीं ढाला था।

असल में, यह कोई अचानक हुआ बदलाव नहीं था। **रिटेलर्स ने धीरे-धीरे संपर्क कम किया और आपको एहसास हुआ कि आपने उन्हें खो दिया है**। वे कभी आपको सीधे नहीं बताते कि वे आपको छोड़ रहे हैं—वे बस चुपचाप शिफ्ट हो जाते हैं।

बड़ी बात यह थी: रिटेलर्स के लिए, यह केवल प्रोडक्ट की कीमत नहीं, बल्कि उनके ग्राहकों की संतुष्टि और **व्यापार में स्थिरता** भी महत्वपूर्ण थी। जब उन्होंने देखा कि आप उनके बदलते जरूरतों के साथ नहीं बढ़ रहे, तो वे कहीं और जा पहुंचे।

यह केस हमें कुछ महत्वपूर्ण सिखाता है:

➢ **रिटेलर्स अब चुपचाप शिफ्ट कर जाते हैं**—वे सीधे बताकर नहीं जाते। यह ध्यान रखना जरूरी है कि ग्राहक के लिए आपके साथ व्यापार करते रहना भी एक सक्रिय चुनाव है, न कि एक बेमन की आदत।

➢ **अगर आप हर सीजन खुद को अपडेट नहीं कर रहे हैं**, तो एक दिन आपको यह भी नहीं पता चलेगा कि आपने अपना बिज़नेस खो दिया है। **मार्केट में बदलाव और रिटेलर की अपेक्षाएँ बदलती रहती हैं**, और अगर आप इस बदलाव के साथ नहीं बढ़ते, तो यही बदलाव आपके बिज़नेस को अप्रासंगिक बना सकता है।

सीख: जो होलसेलर्स नए डिज़ाइनों, गुणवत्ता और समय पर डिलीवरी को अपनी प्राथमिकताओं में रखते हैं, वही लंबे समय तक बाजार में बने रह सकते हैं। यह एक सतत प्रक्रिया है – **सिर्फ एक बार का सुधार काफी नहीं है, लगातार अपडेट होना जरूरी है**।

अगले अध्याय में:

कैसे अपने बिजनेस को अपग्रेड करें और रिटेलर्स को मजबूर करें सिर्फ आपसे खरीदने के लिए!

अध्याय 3

प्राइस वॉर का जाल – कीमत पर कम्पटीशन क्यों आपका बिजनेस बर्बाद कर रहा है

परिचय: होलसेल बिजनेस की सबसे बड़ी गलती

अगर आपको लगता है कि सबसे कम कीमत देने से रिटेलर्स हमेशा आपसे ही खरीदते रहेंगे, तो यह आपकी सबसे बड़ी भूल हो सकती है।

कड़वी सच्चाई: प्राइस कम्पटीशन एक खतरनाक जाल है—इसमें आखिर में सिर्फ मैन्युफैक्चरर ही जीतता है।

आप शायद सोच रहे होंगे:

- *"अगर मैंने दाम नहीं गिराए, तो मेरे रिटेलर्स मुझे छोड़ देंगे।"*
- *"अगर मैं मार्जिन कम कर दूं, तो ज्यादा सेल होगी और मैं वॉल्यूम से कमा लूंगा।"*
- *"सूरत वाले कम रेट दे रहे हैं, तो मुझे भी रेट मैच करना होगा।"*

लेकिन एक सवाल खुद से पूछिए—

क्या वाकई कम कीमत देने से आपको ज्यादा फायदा होगा?

99% मामलों में जवाब है, नहीं।

इस अध्याय में आप सीखेंगे:

- प्राइस पर कम्पटीशन करना आपके बिजनेस के लिए कैसे खतरनाक है।
- सूरत के प्राइसिंग गेम का असली सच और क्यों आप इसे कभी नहीं हरा सकते।
- आपको कीमत की बजाय किस पर फोकस करना चाहिए ताकि आपके रिटेलर्स लंबे समय तक आपके साथ बने रहें।

1. प्राइस पर कम्पटीशन करना क्यों नुकसानदायक है?

1.1 सूरत का प्राइस गेम: वे हमेशा जीतते क्यों हैं?

सूरत के डायरेक्ट सप्लायर्स के पास न सिर्फ कीमत कम करने की ताकत है, बल्कि एक मजबूत सिस्टम है जो उन्हें हर बार जीत दिलाता है।

सूरत कैसे काम करता है?

- **हाई वॉल्यूम, लो मार्जिन मॉडल:** वे बहुत बड़ी मात्रा में उत्पादन करते हैं और बहुत कम मार्जिन पर बेचते हैं। यही स्केल उन्हें ताकत देता है।
- **डायरेक्ट सेल्स टू रिटेलर्स:** वे होलसेलर्स को हटाकर सीधे रिटेलर्स को बेच रहे हैं। अब वे WhatsApp और Online चैनलों से भी जुड़ चुके हैं।
- **लो कॉस्ट एडवांटेज:** सूरत के मैन्युफैक्चरर्स थोक में रॉ मटेरियल खरीदते हैं, जिससे उनकी लागत पहले से ही कम होती है।

इसका आपके बिजनेस पर क्या असर पड़ता है?

अगर आप प्राइस मैच करने के लिए मार्जिन कम कर रहे हैं, तो भी आप जीत नहीं सकते क्योंकि सूरत का लागत लाभ आपसे कहीं ज्यादा है। ये एक ऐसी रेस है जिसमें आपका थकना तय है।

उदाहरण:

एक होलसेलर ₹200 में फैब्रिक बेच रहा था, उसे लगा कि उसका प्राइस सही है। लेकिन सूरत के सप्लायर वही फैब्रिक ₹170 में दे रहे थे। होलसेलर ने प्राइस घटाकर ₹180 कर दिया, लेकिन रिटेलर को पता है कि सूरत में अभी भी ₹170 मिल रहा है।

सबक: कीमत घटाने से सिर्फ आपका प्रॉफिट कम होता है, इससे सेल की गारंटी नहीं मिलती।

1.2 असली खतरा: प्राइस वॉर कैसे आपका बिजनेस खत्म कर सकता है

अगर होलसेलर्स सिर्फ प्राइस पर कम्पटीशन करेंगे, तो यह कभी न खत्म होने वाला घाटे का सौदा बन जाएगा।

प्राइस वॉर में क्या होता है?

- हर होलसेलर एक-दूसरे से कम प्राइस देने की कोशिश करता है।
- मार्जिन इतना कम हो जाता है कि लाभदायक बिजनेस करना मुश्किल हो जाता है।
- रिटेलर्स आपको सिर्फ प्राइस बेस पर जज करने लगते हैं और हमेशा सस्ते ऑप्शन ढूंढते रहते हैं।
- आप ज्यादा मेहनत करके भी सही प्रॉफिट नहीं बना पाते।

इसका क्या असर पड़ता है?

अगर आप केवल कम कीमत देकर कम्पटीशन करते रहेंगे, तो आपका बिजनेस:

- मार्जिन कम होते-होते खत्म हो जाएगा।
- रिटेलर्स हमेशा सस्ते विकल्प खोजते रहेंगे, आपकी सर्विस की परवाह नहीं करेंगे।
- बिजनेस लंबे समय तक नहीं टिक पाएगा।

उदाहरण:

एक होलसेलर पहले ₹200 में बेच रहा था, लेकिन कम्पटीशन की वजह से उसने प्राइस ₹180 कर दिया। फिर दूसरा होलसेलर ₹175 में बेचने लगा। अंत में दोनों बिना प्रॉफिट के सिर्फ टिके रहने के लिए बेच रहे हैं!

सबक: सिर्फ कम प्राइस देने से बिजनेस सफल नहीं होता। आपको कुछ अलग देना होगा।

2. रिटेलर्स असल में क्या चाहते हैं? (सिर्फ प्राइस नहीं)

2.1 रिटेलर्स सिर्फ सस्ता माल नहीं चाहते, वे ज्यादा फायदा चाहते हैं

रिटेलर्स को केवल सस्ता फैब्रिक नहीं चाहिए—वे ऐसी चीज़ें चाहते हैं जो जल्दी बिकें और अच्छा मुनाफा दें।

रिटेलर्स की असली जरूरतें क्या हैं?

- **एक्सक्लूसिव डिज़ाइन:** ऐसा फैब्रिक जो हर जगह उपलब्ध न हो। "हर दुकान पर दिखे, तो रिटेलर को अलग क्या मिलेगा?"
- **फास्ट-सेलिंग स्टॉक:** जो तुरंत बिक जाए और उनका पैसा न फंसे।
- **विश्वसनीय सप्लाई:** समय पर डिलीवरी और लगातार उपलब्ध स्टॉक। रुकावट मतलब नुकसान।
- **बेहतर सर्विस:** आसान रिटर्न, WhatsApp अपडेट, और अच्छी कस्टमर केयर – ये आज के ज़माने की ज़रूरत है।

सबक: रिटेलर्स को सिर्फ सस्ता नहीं चाहिए, बल्कि हाथों-हाथ बिकने वाला और ज्यादा प्रॉफिट वाला माल चाहिए।

वे उस सप्लायर को चुनते हैं जो उनके बिजनेस को आसान और फायदेमंद बनाता है।

3. प्राइस वॉर से बचने की स्ट्रेटजी – कैसे बिना प्राइस कम किए रिटेलर्स को बनाए रखें?

3.1 यूनिक प्रोडक्ट स्ट्रेटजी अपनाएं

अगर आप प्राइस पर कम्पटीशन से बचना चाहते हैं, तो कुछ ऐसा दीजिए जो कंपेयर ही न हो सके। जब माल यूनिक होता है, तो उसकी कीमत नहीं, वैल्यू देखी जाती है।

- **एक्सक्लूसिव और लिमिटेड एडिशन डिज़ाइन्स रखें:** जिससे रिटेलर बोले, "ये तो मेरे पास ही है!"
- **सिर्फ ऐसे सप्लायर्स से काम करें जो आपको यूनिक स्टॉक दे सकें:** कॉमन माल से हटकर सोचें।
- **फास्ट-बिकने वाले और प्रीमियम प्रोडक्ट्स का सही बैलेंस बनाए रखें:** ताकि हर रिटेलर के पास कुछ खास हो।

3.2 खुद को एक सेल्स पार्टनर के रूप में पोजीशन करें, सिर्फ एक सप्लायर नहीं

रिटेलर्स हमेशा उसी होलसेलर के साथ जुड़े रहेंगे जो उन्हें बिजनेस बढ़ाने में मदद करेगा।

- WhatsApp पर ट्रेंड अपडेट भेजें।
- रिटेलर्स को सही प्रोडक्ट चुनने में मदद करें – जब वो सही खरीदी करेगा, तो दोबारा आपसे ही खरीदी करेगा।
- सिर्फ माल बेचने की बजाय, उनके मुनाफे पर फोकस करें।

निष्कर्ष:

सही स्ट्रेटजी अपनाकर बिजनेस को बचाएं और बढ़ाएं

प्राइस वॉर एक जाल है। अगर आप सिर्फ प्राइस पर खेलेंगे, तो आप हमेशा हारेंगे।

- प्राइस की बजाय वैल्यू पर फोकस करें।
- रिटेलर्स को तेजी से बिकने वाले, एक्सक्लूसिव और ज्यादा मुनाफे वाले प्रोडक्ट दें।
- सिर्फ विक्रेता नहीं, बल्कि उनके बिजनेस पार्टनर बनें।
- जब आप उन्हें "बेचने में मदद करते हैं", तो वो आपको "भरोसे से खरीदते हैं।"

केस स्टडी: जब ट्रेंड पलट जाता है, तो स्टॉक अटक जाता है

कुछ ही महीने पहले, साड़ी की दुनिया में विचित्रा फैब्रिक का ज़बरदस्त क्रेज़ चल रहा था। हर रिटेलर को वही चाहिए था—डिमांड इतनी ज़्यादा थी कि ऐसा लग रहा था कि अब शायद कोई और फैब्रिक बिकेगा ही नहीं।

कई होलसेलर्स और मैन्युफैक्चरर्स ने यह सोचकर विचित्रा फैब्रिक का भारी स्टॉक खरीद लिया कि अब यही ट्रेंड रहेगा।

लेकिन अचानक, मार्केट का मूड पलट गया।

जो फैब्रिक दो हफ्ते पहले "रॉकेट स्पीड" पर बिक रहा था, वह अब थम चुका था। अब वह सारा स्टॉक गोदाम में पड़ा है—बिना डिमांड के, बिना पूछताछ के।

इस घटना से एक बात साफ होती है:

- फैशन की दुनिया में कोई भी चीज़ लंबे समय तक गारंटी के साथ नहीं बिकती।
- इसलिए डिज़ाइनों को लेकर भावनाओं से नहीं, मार्केट की सच्चाई से फैसले लेने चाहिए।
- जो बिक रहा है, वह कल से ना बिके—इसमें ज़्यादा समय नहीं लगता।

सीख: "जो बिका है, वही दोबारा मँगाओ"

- **थोक खरीदना हमेशा सही नहीं होता:** यह खासकर फास्ट-मूविंग आइटम्स के लिए भी सच है।
- **एक मजबूत ऑर्डर सिस्टम बनाइए:** "जो बिका है, वही दोबारा मँगाओ" का पालन करें।
- काउंटर बॉयज़ और टीम को भी सिखाइए कि हर चीज़ का ट्रेंड टेम्परेरी होता है।
- **हमें फैशन को प्रेडिक्ट नहीं करना है:** हमें मार्केट के साथ चलना है।

और याद रखें, मार्केट और फैशन के बीच की असली सफलता यही है कि आप खुद को बदलते ट्रेंड्स के हिसाब से ढालें। केवल "क्या बिक रहा है" पर ध्यान देना और जरूरत से ज्यादा स्टॉक ना जमा करना, आपको हमेशा आगे रखेगा।

सही फैसले का समय पर पालन करना – यही वह बात है जो एक बिज़नेस को सशक्त बनाती है और उसे बाजार में स्थिरता देती है।

अगले अध्याय में:

- कैसे एक एक्सक्लूसिव प्रोडक्ट स्ट्रेटजी बनाएं जो रिटेलर्स को आपके साथ बनाए रखे?
- मोनोपॉली वेंडर्स और एक्सक्लूसिव सप्लायर्स के साथ कैसे काम करें?

अध्याय 4

बिचौलिए बनकर मत रहिए, विशेषज्ञ बनिए

परिचय: होलसेलर अपना कंट्रोल क्यों खो रहे हैं?

सालों से होलसेलर मध्यस्थ/बिचौलिए (middleman) की भूमिका निभा रहे हैं—सूरत से माल खरीदना और उसे रिटेलर्स को बेचना। लेकिन आज यह मॉडल फेल हो रहा है।

अब रिटेलर्स होलसेलर्स पर निर्भर नहीं हैं। वे सीधे सूरत के सप्लायर्स से जुड़ सकते हैं, फैक्ट्री रेट्स पर खरीद सकते हैं और ट्रेंड अपडेट्स पा सकते हैं। अगर होलसेलर्स अपने मॉडल में बदलाव नहीं करेंगे, तो जल्द ही वे बाजार से बाहर हो सकते हैं।

लेकिन अच्छी खबर यह है कि रिटेलर्स को अभी भी होलसेलर्स की जरूरत है। बस फर्क इतना है कि उन्हें अब कोई भी होलसेलर नहीं चाहिए—उन्हें एक विशेषज्ञ (specialist) चाहिए। एक ऐसा व्यक्ति जो सिर्फ माल न बेचे, बल्कि उन्हें सही प्रोडक्ट, ट्रेंड, प्रॉफिट और स्ट्रेटजी भी दे।

इस अध्याय में आप जानेंगे:

- क्यों बिचौलिए, बाजार में टिक नहीं पा रहे हैं?
- कैसे विशेषज्ञ बनने से आप अपराजेय बन सकते हैं?
- मिडिलमैन से मार्केट लीडर बनने के लिए आपको क्या करना होगा?

1. समस्या: बिचौलिए हो रहे हैं बाहर

1.1 रिटेलर्स को अब बिचौलियों की जरूरत क्यों नहीं रही?

पहले होलसेलर केवल सूरत और रिटेलर्स के बीच एक पुल (bridge) की तरह हुआ करते थे। लेकिन आज, रिटेलर्स इस पुल को पार कर रहे हैं।

क्या बदल चुका है?

- रिटेलर्स अब सीधे सूरत से खरीद सकते हैं, जो उन्हें कस्टमाइज्ड और नए डिज़ाइन्स के साथ यूनिक प्रोडक्ट्स प्रदान करता है।
- सूरत के सप्लायर्स अब छोटे क्वांटिटी में भी बेचने लगे हैं, जिससे होलसेलर्स की जरूरत कम हो रही है।
- कीमतों पर इतना अधिक कम्पटीशन बढ़ चुका है कि होलसेलर्स के मार्जिन लगभग खत्म हो गए हैं।
- रिटेलर्स को सीधे सूरत से नए डिज़ाइन्स और तेज़ अपडेट्स मिल रहे हैं, जिससे वे फास्ट ट्रेंडिंग फैशन का हिस्सा बन पा रहे हैं।

होलसेलर्स के लिए चेतावनी:

अगर आप सिर्फ वही माल बेच रहे हैं जो सूरत आपको दे रहा है, तो आप बाहर हो सकते हैं क्योंकि रिटेलर्स अब हर चीज़ में नए और बेहतर विकल्प तलाश रहे हैं।

1.2 सबसे बड़ी गलती: सिर्फ कीमत पर कम्पटीशन करना

कई होलसेलर्स मानते हैं कि सबसे सस्ता दाम देना ही सबसे अच्छा तरीका है। लेकिन यह एक जाल है।

अगर आप सिर्फ प्राइस पर कम्पटीशन कर रहे हैं, तो क्या होगा?

- रिटेलर्स आपको सिर्फ एक सप्लायर मानेंगे, बिजनेस पार्टनर नहीं।
- सूरत के सप्लायर्स हमेशा आपसे सस्ता बेच पाएंगे।
- कम मार्जिन से सेल तो बढ़ेगी, लेकिन मुनाफा कम होता जाएगा।

हकीकत

रिटेलर्स सिर्फ कम कीमत के लिए नहीं खरीदते—वे वहां खरीदते हैं जहां उन्हें असली वैल्यू मिलती है।

2. समाधान: एक विशेषज्ञ (specialist) बनें, सिर्फ सप्लायर नहीं

2.1 विशेषज्ञ क्या अलग करता है?

एक विशेषज्ञ सिर्फ कपड़ा नहीं बेचता—वह विशेषज्ञता, एक्सक्लूसिविटी और बेहतर सर्विस बेचता है।

एक विशेषज्ञ होलसेलर:

- कीमत पर नहीं, एक्सक्लूसिविटी पर कम्पटीशन करता है।
- हाथों-हाथ बिकने वाले डिज़ाइन्स चुनता है, आम स्टॉक नहीं।
- रिटेलर्स को ट्रेंड्स और बेस्ट-सेलर्स पर गाइड करता है। वह उन्हें एक दिशा देता है।
- कुछ खास मैन्युफैक्चरर्स के साथ मिलकर यूनिक स्टॉक तैयार करता है, ताकि रिटेलर्स को केवल वही मिल सके जो कहीं और नहीं।

लक्ष्य: रिटेलर्स को ऐसा लगे कि आप सिर्फ एक सप्लायर नहीं, बल्कि उनके बिजनेस का महत्वपूर्ण हिस्सा हैं, उनके सफलता के साथी हैं।

2.2 विशेषज्ञ कैसे बनें और रिटेलर्स को आपसे खरीदने के लिए कैसे मजबूर करें

चरण 1: सबकुछ बेचना बंद करें—एक निश (niche) बनाएं

रिटेलर्स को ऐसे होलसेलर्स नहीं चाहिए जो हर तरह का माल बेचते हों—उन्हें ऐसे एक्सपर्ट्स चाहिए जो किसी खास कैटेगरी में माहिर हों।

- केवल 1-2 प्रोडक्ट कैटेगरी पर फोकस करें (जैसे पार्टी वियर साड़ियां, ब्राइडल लहंगे, डिजाइनर कुर्तियां, या फिर सलवार-सूट)
- पुराने स्टॉक को जमा न करें—सिर्फ तेजी से बिकने वाले डिज़ाइन्स रखें।
- रिटेलर्स को ऐसा महसूस कराएं कि आप किसी एक कैटेगरी के एक्सपर्ट हैं, वह जानें कि आपको उसी में महारत है।

उदाहरण:

एक होलसेलर जो सिर्फ प्रीमियम ब्राइडल लहंगे बेचता है, उसकी मांग हमेशा बनी रहती है। रिटेलर्स को पता है कि शादी के लिए सबसे बेस्ट कलेक्शन वहीं मिलेगा। वह सिर्फ एक और होलसेलर नहीं, बल्कि अपने कैटेगरी का विशेषज्ञ बन जाता है। मुज़फ़्फ़रपुर में मेरा एक होलसेलर है जो सूट में सुपर स्पेशलिस्ट है। उस से ज्यादा सूट में अच्छा टेस्ट किसी के पास नहीं है। सभी रिटेलर्स सूट के लिए उसके पास जाते हैं और बाकी प्रोडक्ट्स भी खरीदते हैं।

इसका मतलब है कि अगर आप सही तरीके से एक्सपर्ट बनते हैं, तो रिटेलर्स आपकी ओर आकर्षित होंगे।

चरण 2: एक्सक्लूसिव प्रोडक्ट्स लाएं (कॉमन स्टॉक से बचें)

अगर रिटेलर्स को वही माल कहीं और भी मिल सकता है, तो वे आपसे क्यों खरीदेंगे?

- मोनोपॉली वेंडर्स के साथ काम करें, ताकि आपको यूनिक डिज़ाइन्स मिलें।
- लिमिटेड एडिशन कलेक्शन रखें, जो हर जगह उपलब्ध न हों।
- सस्ता और प्रीमियम—दोनों तरह के प्रोडक्ट्स का बैलेंस बनाएं, ताकि हर रिटेलर की जरूरत पूरी हो सके।

उदाहरण:

एक होलसेलर ऐसा स्टॉक रखता है जो सिर्फ वही सप्लाई करता है। रिटेलर्स को मजबूरी में उसी से खरीदना पड़ता है, चाहे दाम थोड़ा ज्यादा भी हो, क्योंकि उन्हें वही डिज़ाइन और क्वालिटी कहीं और नहीं मिलती। यह एक्सक्लूसिविटी आपके ब्रांड की ताकत है।

चरण 3: केवल विक्रेता नहीं, बिजनेस पार्टनर बने

रिटेलर्स को सिर्फ फैब्रिक नहीं चाहिए—उन्हें ऐसा सप्लायर चाहिए जो उनके बिजनेस को बढ़ाने में मदद करे।

- WhatsApp पर ट्रेंड अपडेट भेजें।
- उन्हें बताएं कि कौन-सा फैब्रिक सबसे तेजी से बिकेगा, और क्यों।
- स्टॉक प्लानिंग और इन्वेंटरी मैनेजमेंट में उनकी मदद करें।

उदाहरण:

एक होलसेलर हर हफ्ते रिटेलर्स को WhatsApp मैसेज भेजता है:

- *"इस वेडिंग सीजन में ये कलर्स ट्रेंड कर रहे हैं।"*
- *"ये डिज़ाइन तेजी से बिक रहे हैं—स्टॉक खत्म होने से पहले ऑर्डर करें।"*

रिटेलर्स को यह एक्स्ट्रा सपोर्ट पसंद आता है, और वे उसी से जुड़े रहते हैं। यह भरोसा और साझेदारी के आधार पर लंबे रिश्ते बनाए रखता है।

निष्कर्ष: भविष्य विशेषज्ञों का है, बिचौलियों का नहीं

बिचौलियों का समय खत्म हो रहा है। विशेषज्ञों का समय आ गया है।

- रिटेलर्स को सिर्फ एक और होलसेलर नहीं चाहिए—उन्हें ऐसा सप्लायर चाहिए जो उन्हें ज्यादा बेचने और ज्यादा कमाने में मदद करे।
- टिके रहने के लिए ऐसा कुछ दीजिए जो उन्हें कहीं और न मिले।
- लॉन्ग-टर्म सफलता की कुंजी है एक्सक्लूसिविटी, एक्सपर्टीज़ और मजबूत रिलेशनशिप। आपको सिर्फ माल बेचने की बजाय, अपने रिटेलर्स का भरोसेमंद पार्टनर बनना होगा।

अध्याय 5

हाथों-हाथ बिकने वाला माल –
तेज़ी से बिक्री बढ़ाने का रहस्य

परिचय: कुछ होलसेलर्स का माल तुरंत बिकता है और कुछ का क्यों अटक जाता है?

क्या आपने कभी सोचा है कि कुछ होलसेलर्स का माल स्टॉक में आते ही हाथों-हाथ बिक जाता है, जबकि कुछ का महीनों तक धूल खाता रहता है?

सच्चाई यह है: अगर आपका स्टॉक तेजी से नहीं बिकता, तो आपका पैसा फंसा रहेगा और जहां पैसा अटकता है, वहां ग्रोथ रुक जाती है।

अपने आप से ईमानदारी से ये सवाल पूछें:

- क्या आपके बेस्ट डिज़ाइन तुरंत बिक जाते हैं या महीनों तक स्टॉक में पड़े रहते हैं?
- क्या आप ऐसे माल में फंसे हैं जो धीरे-धीरे बिकता है और जगह भी घेरता है?
- क्या आपके रिटेलर्स माल खरीदने में हिचकिचाते हैं क्योंकि उन्हें डर है कि वह नहीं बिकेगा?

अगर इनमें से किसी सवाल का भी जवाब **"हाँ"** है, तो यह अध्याय आपके लिए गेम-चेंजर बन सकता है:

- तेज़ी से बिकने वाला स्टॉक कैसे चुनें?
- डेड स्टॉक से बचने के लिए क्या करें?
- सही प्रोडक्ट से बिक्री और मुनाफा कैसे बढ़ाएं?

1. सबसे बड़ी समस्या: होलसेलर्स गलत माल स्टॉक कर रहे हैं

1.1 क्यों ज्यादातर होलसेलर्स धीमी बिक्री से जूझ रहे हैं?

सब कुछ बेचना कोई रणनीति नहीं है, सही चीज़ बेचना ही असली सफलता है।

होलसेलर्स की आम लेकिन महंगी गलतियाँ:

- जो उन्हें पसंद आता है वही खरीदते हैं, जो तेजी से बिकेगा, उस पर ध्यान नहीं देते।
- "सस्ता मिल रहा है" के लालच में ज़रूरत से ज्यादा स्टॉक उठा लेते हैं।
- बाजार की असली डिमांड और रिटेलर्स की जरूरतें नहीं समझते।

नतीजा क्या होता है?

- धीमे बिकने वाला माल आपका पैसा और गोदाम दोनों ब्लॉक कर देता है।
- रिटेलर्स को आपकी कलेक्शन पर भरोसा नहीं रहता, वे ऑर्डर कम करने लगते हैं।
- पुराना स्टॉक निकालने के लिए आपको प्राइस कम करना पड़ता है, जिससे मार्जिन खत्म हो जाता है।

सबक: अधिक बिक्री का रहस्य सही माल चुनने में छिपा है।

22. तेजी से बिकने वाला स्टॉक (हाथों-हाथ बिकने वाला माल) क्या होता है?

2.1 कौन-सा प्रोडक्ट सबसे तेजी से बिकता है?

रिटेलर्स केवल सामान नहीं खरीदते, वे वही खरीदते हैं जो उन्हें पता है कि तेजी से बिकेगा।

तेजी से बिकने वाले प्रोडक्ट की 3 विशेषताएँ:

- **ट्रेंडिंग डिज़ाइन्स**: जो सोशल मीडिया और बाजार में सबसे ज्यादा पसंद किए जा रहे हैं।
- **सीजनल डिमांड**: सही समय पर सही स्टॉक (शादी, त्योहार, गर्मी-सर्दी)।
- **रिटेलर का विश्वास**: जिस माल पर रिटेलर को पूरा भरोसा हो कि यह तेजी से बिकेगा।

उदाहरण

एक होलसेलर जो शादी के सीजन में प्रीमियम सिल्क साड़ियां स्टॉक करता है, उसका माल तुरंत बिक जाता है, जबकि एक दूसरा होलसेलर जो सस्ते सिंथेटिक सूट रखता है, उसकी बिक्री धीमी रहती है और महीनों तक स्टॉक नहीं हिलता।

सबक: टाइमिंग + ट्रेंड + डिमांड = तेजी से बिकने वाला माल।

2.2 80/20 नियम – 80% बिक्री सिर्फ 20% माल से होती है

हर होलसेलर को ये गोल्डन नियम मानना चाहिए:

आपकी कुल बिक्री का 80% सिर्फ 20% प्रोडक्ट्स से आती है।

इस नियम को कैसे लागू करें:

- **अपने टॉप-सेलिंग प्रोडक्ट्स को पहचानें** और उसी पर फोकस करें।

- **धीमे बिकने वाले आइटम पर पैसा न लगाएं**—वे केवल आपका कैश ब्लॉक करेंगे।
- **उच्च-मार्जिन और तेज़ बिक्री वाले स्टॉक** पर ज्यादा इन्वेस्ट करें।

उदाहरण:

एक होलसेलर देखता है कि प्रिंटेड कॉटन सूट तेजी से बिकते हैं, जबकि भारी कढ़ाई वाले सूट धीरे बिकते हैं। अब वह 80% पैसा प्रिंटेड सूट में लगाता है और केवल 20% कढ़ाई वाले सूट में। उसका मुनाफा 2X बढ़ जाता है।

सबक: अनुमान लगाना बंद करें, सही डेटा के आधार पर स्टॉक करें।

3. कैसे चुनें तेजी से बिकने वाला स्टॉक और डेड स्टॉक से बचें?

3.1 "टेस्ट और खरीद" पद्धति – धीमे बिकने वाले स्टॉक से बचने का स्मार्ट तरीका

बड़े इन्वेस्टमेंट से पहले हमेशा टेस्टिंग करें।

रणनीति:

- किसी नए डिज़ाइन के लिए पहले छोटे बैच में ऑर्डर करें।
- कुछ भरोसेमंद रिटेलर्स पर टेस्ट करें।
- अगर तेज़ी से बिके, तो बड़ा ऑर्डर दें। अगर नहीं, तो उसे छोड़ दें।

उदाहरण:

एक होलसेलर सूरत में एक नया डिज़ाइन देखता है, लेकिन उसे यकीन नहीं है कि यह बिकेगा या नहीं। वह सीधे 1000 पीस खरीदने के बजाय, पहले सिर्फ 100 पीस खरीदता है। डिज़ाइन अगर हिट हो

जाए, तो तुरंत बड़ा ऑर्डर देता है। और अगर फ्लॉप हो, तो बिना बड़े नुकसान के बच निकलता है।

सबक: छोटे पैमाने पर टेस्ट करें, स्मार्ट तरीके से खरीदें।

3.2 एक्सक्लूसिव वेंडर्स से काम करें और मोनोपोली प्रोडक्ट्स लाएं

अगर आपका माल हर जगह मिल सकता है, तो रिटेलर आपके दाम पर खरीदने को मजबूर नहीं होगा।

क्या करें?

- **एक्सक्लूसिव सप्लायर्स** से काम करें, जो केवल आपको सप्लाई दें।
- **कॉमन स्टॉक से बचें**, जिसे हर कोई बेच रहा हो।
- **लिमिटेड एडिशन कलेक्शन लाएं**, जिससे रिटेलर्स आपके बिना काम न कर सकें।

उदाहरण:

एक होलसेलर के पास एक खास बनारसी फैब्रिक की एक्सक्लूसिव सप्लाई है, जो सिर्फ उसी के पास उपलब्ध है। इसलिए रिटेलर्स को मजबूरी में उसी से खरीदना पड़ता है, चाहे दाम थोड़ा ज्यादा हो।

सबक: मोनोपॉली = ज्यादा बिक्री + ज्यादा मुनाफा।

4. तेज़ बिक्री और ऊँचे मुनाफे के लिए फाइनल रणनीति

"5-स्टेप फास्ट-सेलिंग स्टॉक स्ट्रेटजी" अपनाएं

- **स्टेप 1:** पिछले बिक्री डेटा से तेजी से बिकने वाले प्रोडक्ट्स की पहचान करें।
- **स्टेप 2:** नए डिज़ाइन्स को छोटे बैच में टेस्ट करें।
- **स्टेप 3:** एक्सक्लूसिव वेंडर्स से डील करें।

- **स्टेप 4:** सीजनल डिमांड के अनुसार सही समय पर खरीदारी करें।
- **स्टेप 5:** डेड स्टॉक से बचने के लिए हाई-डिमांड आइटम्स पर फोकस करें।

निष्कर्ष: स्मार्ट खरीद = स्मार्ट बिक्री

तेज़ बिक्री सिर्फ किस्मत से नहीं होती—यह सही रणनीति से होती है।

- ➢ अगर आप सही समय पर सही प्रोडक्ट बेचेंगे, तो स्टॉक कभी नहीं फंसेगा।
- ➢ अगर आप अनुमान के बजाय डेटा पर फोकस करेंगे, तो मुनाफा बढ़ेगा।
- ➢ अगर आप ट्रेंड, समय और एक्सक्लूसिविटी पर ध्यान देंगे, तो मार्केट में आपका दबदबा रहेगा।

केस स्टडी: जब छांट कर माल लिया, तभी हाथों-हाथ बिका

उत्तर प्रदेश के वाराणसी के पास स्थित एक छोटे से शहर भदोही के एक होलसेलर थे।

उनका यह मानना था कि "जितना ज़्यादा माल रखोगे, उतने ज़्यादा चांस होंगे कि कुछ तो बिकेगा।"

तो वह हर बार वेंडर से दिखाए गए लगभग हर डिज़ाइन को उठा लेते थे, यह सोचकर कि शायद किस्मत से कुछ हिट हो जाएगा।

लेकिन धीरे-धीरे उन्हें एहसास हुआ कि "ज़्यादा माल रखना" और "सही माल रखना"—दोनों में ज़मीन-आसमान का फर्क है।

कई बार ऐसे डिज़ाइन्स स्टॉक में रह जाते जो उनके कम्युनिटी के कस्टमर्स को पसंद ही नहीं आते थे।

फिर उन्होंने एक अहम फैसला लिया—**सिर्फ वही डिज़ाइन्स रखेंगे जो उनके रिटेलर्स के मार्केट में तेज़ी से बिक रहे हैं।**

उन्होंने पिछले सीजन की सेल्स का विश्लेषण किया, रिटेलर्स से राय ली, और सिर्फ 30-40 क्यूरेटेड डिज़ाइन्स ही उठाए।

नतीजा?

- उनका स्टॉक अब फंसता नहीं
- रिटेलर्स ने रिपीट ऑर्डर्स देना शुरू किया
- काउंटर पर जो माल दिखाते, वह हाथों-हाथ बिक जाता

सीख यही है — क्वांटिटी नहीं, क्वालिटी और सेलेक्शन गेम बदलते हैं।

फ़ास्ट-सैलिंग माल बनाया जाता है, मिल नहीं जाता।

क्या आप सोचते हैं कि सिर्फ ज्यादा माल रखने से बिज़नेस में सफलता मिल सकती है? नहीं, सही डिज़ाइन, सही चयन और सही रणनीति ही आपको सफलता दिलाएंगे।

⦸⦸⦸⦸

अध्याय 6

रिटेलर लॉयल्टी कैसे बनाएं – ग्राहक को हमेशा के लिए अपने साथ जोड़ें

परिचय: रिटेलर्स बार-बार सप्लायर क्यों बदलते हैं?

अगर आप एक होलसेलर हैं, तो आपने यह ज़रूर अनुभव किया होगा:

- एक रिटेलर जो पहले आपसे नियमित रूप से आपसे खरीदता था, अचानक ऑर्डर देना बंद कर देता है।
- और फिर आपको पता चलता है कि वह किसी और होलसेलर से या सीधे सूरत से खरीद रहा है।
- जब आप कारण पूछते हैं, तो वह बस इतना कहता है, **"वहां रेट सस्ते मिल रहे हैं।"**

क्या यह आपके साथ भी ऐसा हुआ है?

कड़वा सच: रिटेलर्स आपको सिर्फ इसलिए नहीं छोड़ते क्योंकि उन्हें सस्ता रेट मिल रहा है—वे इसलिए छोड़ते हैं क्योंकि उन्हें आपके साथ कोई गहरा जुड़ाव महसूस नहीं होता।

ज्यादातर होलसेलर्स सिर्फ बेचने पर ध्यान देते हैं, लेकिन वे रिटेलर्स के साथ मजबूत संबंध नहीं बनाते। अगर आप चाहते हैं कि आपके ग्राहक लंबे समय तक सिर्फ आपसे ही खरीदें, तो आपको एक मजबूत रिटेलर लॉयल्टी सिस्टम बनाना होगा।

इस अध्याय में आप जानेंगे:

- ➢ रिटेलर्स क्यों बार-बार सप्लायर बदलते हैं?
- ➢ रिटेलर्स को हमेशा के लिए अपने साथ जोड़ने की स्ट्रेटजी।
- ➢ एक मजबूत रिटेलर लॉयल्टी सिस्टम कैसे बनाएं।

1. सबसे बड़ी समस्या: रिटेलर्स आपके साथ कनेक्टेड महसूस नहीं करते

1.1 रिटेलर्स होलसेलर्स के साथ लॉयल क्यों नहीं रहते?

कोई भी रिटेलर सिर्फ इसलिए आपके साथ लॉयल नहीं रहेगा क्योंकि आप उसे सस्ता रेट दे रहे हैं। उसे एक ठोस कारण चाहिए, जिससे वह लंबे समय तक आपके साथ बना रहे।

रिटेलर्स सप्लायर क्यों बदलते हैं?

- **कोई पर्सनल कनेक्शन नहीं:** रिटेलर्स अक्सर खुद को सिर्फ एक और ग्राहक की तरह महसूस करते हैं। वे चाहते हैं कि आप उन्हें एक साथी की तरह ट्रीट करें, न कि केवल एक विक्रेता।
- **बेहतर डील्स मिल रही हैं:** सूरत के सप्लायर्स डायरेक्ट डिस्काउंट देते हैं।
- **सर्विस में कमी:** डिलीवरी में देरी, सही जवाब न मिलना, कस्टमर सपोर्ट खराब होना – ये छोटी चीज़ें बड़ी समस्याएं बन सकती हैं।
- **एक्सक्लूसिविटी की कमी:** वही प्रोडक्ट उन्हें दूसरी जगह भी मिल रहा है। यही वो जगह है जहां आप खुद को अलग कर सकते हैं।

रियलिटी चेक

अगर आप सिर्फ एक विक्रेता (seller) की तरह काम करेंगे, तो रिटेलर्स आपको सिर्फ एक सप्लायर की तरह ही ट्रीट करेंगे।

सबक: आपको रिटेलर्स को यह एहसास कराना होगा कि वे आपके बिना नहीं चल सकते।

2. समाधान: एक मजबूत रिटेलर लॉयल्टी सिस्टम बनाएं

2.1 रिटेलर्स किसी होलसेलर से क्यों जुड़े रहते हैं?

रिटेलर्स आपके साथ तभी बने रहेंगे जब उन्हें सिर्फ प्रोडक्ट ही नहीं, बल्कि कुछ एक्स्ट्रा वैल्यू भी मिले।

रिटेलर लॉयल्टी के 3 मुख्य फैक्टर:

- **भरोसेमंद और लगातार अच्छी सर्विस:** जो वादा करें, वह समय पर पूरा करें, और हर बार उम्मीद से बेहतर सर्विस दें।
- **एक्सक्लूसिव लाभ (Exclusive Benefits):** उन्हें कुछ ऐसा दें, जो कोई और न दे सके।
- **पर्सनल कनेक्शन:** विश्वास बनाएं और उन्हें विशेष महसूस कराएं।

उदाहरण:

एक होलसेलर अपने रेगुलर रिटेलर्स को नए स्टॉक की पहली एक्सेस देता है, बड़े ऑर्डर पर विशेष रेट देता है और उन्हें प्राथमिकता के आधार पर डिलीवरी करता है। रिटेलर्स उसे सिर्फ ₹5-₹10 सस्ते रेट के लिए नहीं छोड़ते, क्योंकि उन्हें उसकी सर्विस पर भरोसा होता है।

सबक: लॉयल्टी कीमत से नहीं, सेवा से बनती है।

3. रिटेलर्स को हमेशा के लिए अपने साथ जोड़ने के 3 स्टेप्स

स्टेप 1: रिटेलर्स को आपके साथ रहने का मजबूत कारण दें

अगर रिटेलर्स को लगेगा कि वे आपसे जुड़कर ज्यादा फायदे में हैं, तो वे आपको कभी नहीं छोड़ेंगे।

क्या करें?

- **प्राथमिकता वाली एक्सेस:** आपके रेगुलर रिटेलर्स को नया स्टॉक पहले खरीदने का मौका दें।
- **एक्सक्लूसिव स्टॉक:** कुछ ऐसे डिज़ाइन रखें, जो सिर्फ आपके पास उपलब्ध हों।
- **लॉयल्टी डिस्काउंट:** अपने टॉप रिटेलर्स को छोटे-छोटे लॉयल्टी फायदे दीजिए - जैसे स्पेशल डिस्काउंट, कैशबैक या सीजन में फास्ट डिलीवरी।
- **रिटेलर्स को थोड़ा एजुकेट भी कीजिए:** उन्हें सिखाइए कि "फास्ट सेलिंग कलेक्शन" कैसे उनके बिज़नस को ग्रोथ देता है, जिससे वह आपको सिर्फ सप्लायर नहीं बल्कि अपना बिजनेस गाइड समझे।

उदाहरण:

एक होलसेलर अपने बेस्ट ग्राहकों को 24 घंटे पहले नया स्टॉक दिखाता है। इससे वे खुद को खास महसूस करते हैं और बार-बार उसी से खरीदते हैं।

सबक: रिटेलर्स को महत्व दें, और वे आपको नहीं छोड़ेंगे।

स्टेप 2: रिटेलर्स के साथ पर्सनल कनेक्शन बनाएं

बिजनेस रिलेशनशिप दोस्ती की तरह होते हैं—जितना मजबूत रिश्ता, उतना लंबा साथ।

कैसे करें?

- **नियमित रूप से संपर्क करें:** सिर्फ बिक्री के लिए नहीं, बल्कि उनकी दुकान और बिजनेस के बारे में भी पूछें।
- **पर्सनलाइज़्ड सुझाव दें:** उनके इलाके में क्या तेजी से बिकेगा, इसकी सलाह दें।
- उनके छोटे बड़े माइलस्टोन्स जैसे (सालगिरह, जन्मदिन, बड़े ऑर्डर, इत्यादि) को सेलिब्रेट कीजिए। एक छोटा-सा मैसेज भी कनेक्शन मजबूत करता है।

उदाहरण:

एक होलसेलर नोटिस करता है कि एक रिटेलर दो महीने से ऑर्डर नहीं दे रहा। वह उसे फोन कर पूछता है, "भाई, सब ठीक है? कोई परेशानी हो तो बताओ।" रिटेलर को यह अपनापन अच्छा लगता है और वह फिर से ऑर्डर देता है।

सबक: अगर रिटेलर्स को लगेगा कि आप उनकी परवाह करते हैं, तो वे हमेशा आपसे जुड़कर रहेंगे।

स्टेप 3: उनकी समस्याओं का समाधान तुरंत करें

रिटेलर्स उन्हीं सप्लायर्स के साथ रहते हैं, जो उनके बिजनेस में आने वाली दिक्कतों को हल करते हैं।

कैसे करें?

- **तेजी से समस्या सुलझाएं:** किसी भी शिकायत को तुरंत हल करें।
- **स्टॉक अपडेट देते रहें:** क्या उपलब्ध है और क्या नहीं, इसकी जानकारी पहले ही दें।

- **आसान रिटर्न पॉलिसी:** रिटेलर्स को यह भरोसा दिलाएं कि अगर माल नहीं बिकेगा, तो वे समस्या को हल कर सकते हैं।

उदाहरण:

एक रिटेलर को खराब माल मिलता है। उसका होलसेलर बिना बहस किए तुरंत रिप्लेस कर देता है। रिटेलर को यकीन हो जाता है कि यह सप्लायर भरोसेमंद है।

सबक: अगर रिटेलर्स को आप पर भरोसा होगा, तो वे आपको नहीं छोड़ेंगे।

नया जमाना, नया सिस्टम:
रिटेलर रिलेशनशिप का असली फार्मूला

आज के समय में सिर्फ अच्छे व्यवहार से नहीं, बल्कि एक मजबूत सिस्टम से रिश्ते बनते और टिकते हैं। अगर आप तेजी से रिटेलर की जरूरत को समझें, तुरंत रिस्पॉन्स दें और उन्हें सबसे लेटेस्ट कलेक्शन दें, तभी वह रिश्ता गहरा और मजबूत होता है।

व्यक्तित्व (Personality) ज़रूरी है, लेकिन लॉन्ग टर्म भरोसे का असली आधार सिस्टम ही होता है।

तेज़ी से बदलते मार्केट में, रिलेशनशिप को बनाए रखने के लिए स्पीड और रेलेवेंस दोनों जरूरी हैं।

अगर आप सही समय पर सही प्रोडक्ट गाइड करते हैं, तो रिश्ता गहरा होता है; वरना धीरे-धीरे कमजोर पड़ने लगता है।

अंतिम विचार: लॉयल्टी = लॉन्ग-टर्म सफलता

एक मजबूत रिटेलर रिलेशनशिप एक हज़ार नए ग्राहकों से ज्यादा कीमती है।

- रिटेलर्स कीमत की वजह से नहीं रुकते, वे भरोसे और सेवा की वजह से टिकते हैं।
- उन्हें व्यक्तिगत रूप से ध्यान दें, विशेष लाभ दें, और बेहतरीन सेवा दें।
- उन्हें ऐसा महसूस कराएं कि अगर वे आपको छोड़ेंगे, तो उनका बिजनेस प्रभावित होगा।

अगर रिटेलर्स आपको सिर्फ सप्लायर नहीं, बल्कि बिजनेस पार्टनर मानेंगे, तो वे आपको कभी नहीं छोड़ेंगे।

केस स्टडी: जब सप्लायर से ज़्यादा ज़रूरत एक गाइड की होती है

कोविड के बाद एक रिटेलर की कहानी

कोविड के बाद, एक रिटेलर पूरी तरह से असमंजस में था। उसे न तो ट्रेंड्स समझ में आ रहे थे, और न ही कस्टमर की डिमांड। सब कुछ उलझा हुआ था, और वह यह नहीं समझ पा रहा था कि उसे क्या करना चाहिए।

ऐसे कठिन समय में, वह एक जानकार होलसेलर के पास गया। लेकिन इस बार वह केवल माल लेने के लिए नहीं, बल्कि सलाह लेने के लिए वहां पहुंचा था।

होलसेलर ने उसे भरोसा दिलाया और कहा, "आप बस बेचिए। अगर कुछ माल नहीं भी बिके, तो मैं आपके साथ खड़ा हूं।"

यह सुनकर रिटेलर को वो हिम्मत मिली, जो किसी रेट लिस्ट या सस्ती डील से नहीं मिल सकती थी। उसने महसूस किया कि इस होलसेलर के पास सिर्फ माल नहीं, बल्कि एक सही दिशा और गाइडेंस भी है।

फिर दोनों ने मिलकर काम करना शुरू किया। होलसेलर ने उसे हल्का और तेज़ बिकने वाला माल सुझाया। उन्होंने फीडबैक लिया और समय-समय पर होलसेलर उसे लेटेस्ट ट्रेंड्स और मार्केट की वास्तविक जानकारी देता रहा।

धीरे-धीरे रिटेलर का स्टॉक फँसना बंद हो गया। अब वह उसी होलसेलर से एक्सक्लूसिव माल उठाता है। रेट पर सवाल नहीं करता, क्योंकि उसे गाइडेंस और भरोसे की आदत लग चुकी है।

सीख:

- रिटेलर्स को सस्ती डील नहीं, बल्कि भरोसेमंद साझेदार चाहिए।
- जब आप गाइडेंस और सपोर्ट देंगे, तो दाम अपने आप पीछे छूट जाएंगे।

⦸⦸⦸⦸

अध्याय 7

ऐसा USP बनाइए कि रिटेलर्स आपको सूरत से ज़्यादा पसंद करें

परिचय: रिटेलर्स सूरत को क्यों पसंद कर रहे हैं?

आज हर होलसेलर को एक बड़ी समस्या का सामना करना पड़ रहा है:

- रिटेलर्स अब **होलसेलर्स को छोड़कर सीधे सूरत से माल खरीद रहे हैं।**
- ग्राहक बार-बार कहते हैं, **"रेट सूरत में सस्ते मिल रहे हैं।"**
- सूरत के मैन्युफैक्चरर्स **छोटे ऑर्डर में भी माल बेच रहे हैं, जिससे होलसेलर्स की ज़रूरत कम हो रही है।**

सच्चाई: अगर आपके पास एक दमदार Unique Selling Proposition (USP) नहीं है**,** तो रिटेलर्स आपको छोड़ देंगे।

लेकिन अच्छी खबर यह है:

- सूरत के पास सस्ते रेट हैं, लेकिन **वो वैसा भरोसा और सुविधा नहीं दे सकते जो आप दे सकते हैं।**
- रिटेलर्स सिर्फ कम दाम की वजह से नहीं खरीदते, **वे उस सप्लायर से खरीदते हैं जो उन्हें अधिक वैल्यू और सही टाइम पर सर्विस देता है।**

- अगर आपका **USP मजबूत होगा, तो रिटेलर्स सूरत को छोड़कर भी आपसे ही खरीदेंगे**—चाहे आपका रेट ज्यादा ही क्यों न हो!

इस अध्याय में आप सीखेंगे:

- क्यों सिर्फ प्राइस कम करने से आपका बिजनेस नहीं बचेगा।?
- कैसे एक दमदार USP बनाएँ, जिससे रिटेलर्स हमेशा आपके साथ जुड़ें?
- कैसे अपने बिजनेस को ऐसे पोजीशन करें कि सूरत आपको रिप्लेस न कर सके?

1. सिर्फ प्राइस कम करना आपकी जीत की गारंटी नहीं है

1.1 सूरत प्राइस में हमेशा आपको हरा देगा – जानिए क्यों

अगर आपका एकमात्र एडवांटेज "सस्ता रेट" है, तो आपका बिजनेस खतरे में है।

सूरत कैसे हमेशा कम प्राइस पर बेच पाता है?

- **हाई-वॉल्यूम, लो-मार्जिन मॉडल:** वे बहुत बड़ी मात्रा में बेचते हैं, जिससे मार्जिन कम होने के बावजूद प्रॉफिट होता है।
- **डायरेक्ट-टू-रिटेलर सेलिंग:** वे मिडलमैन को हटा रहे हैं, जिससे उनकी लागत कम हो रही है।
- **फैक्ट्री-लेवल कॉस्ट एडवांटेज:** वे थोक में उत्पादन करते हैं, जिससे उनका प्रति यूनिट खर्च बहुत कम होता है।

इसका मतलब क्या है?

- भले ही आप सूरत के प्राइस से मैच कर लें, वे हमेशा और सस्ता बेच पाएंगे।
- जो ग्राहक सिर्फ सस्ते दाम के पीछे भागता है, वह कभी लॉयल नहीं रहेगा।

- आप कभी भी मैन्युफैक्चरर्स के कॉस्ट स्ट्रक्चर से कम्पटीशन नहीं कर सकते।

सबक: सूरत से प्राइस में लड़ने के बजाय, आपको कुछ ऐसा देना होगा जो वे नहीं दे सकते।

2. एक मजबूत USP का असर – क्यों रिटेलर्स ज्यादा पैसे देकर भी आपसे खरीदेंगे

2.1 USP क्या होता है और इसकी जरूरत क्यों है?

Unique Selling Proposition (USP) वह कारण है, जिसकी वजह से रिटेलर्स आपको चुनें, न कि सूरत को या किसी और होलसेलर को।

आपका USP इस सवाल का जवाब होना चाहिए:

- "मैं ऐसा क्या दे रहा हूँ जो रिटेलर्स को कहीं और नहीं मिल सकता?"
- अगर आपका USP नहीं है, तो रिटेलर्स हमेशा सबसे सस्ते सप्लायर को चुनेंगे।
- अगर आपका USP मजबूत होगा, तो रिटेलर्स सिर्फ आपसे ही खरीदेंगे, भले ही आपका दाम थोड़ा ज्यादा हो।

उदाहरण:

एक होलसेलर अपने USP को "Exclusive Designs + Guaranteed Fast Delivery" पर फोकस करता है। भले ही उसके प्रोडक्ट की कीमत सूरत से ₹10 ज्यादा हो, फिर भी रिटेलर्स उससे ही खरीदते हैं क्योंकि वे जानते हैं कि उन्हें यूनिक डिज़ाइन और समय पर डिलीवरी मिलेगी।

सबक: रिटेलर्स सिर्फ सस्ते दाम के पीछे नहीं भागते—वे भरोसे, यूनिक स्टॉक और बेहतर सर्विस के लिए पैसा देने को तैयार रहते हैं।

3. ऐसा USP कैसे बनाएं जिससे सूरत भी आपको हरा न सके?

स्टेप 1: ऐसे एक्सक्लूसिव प्रोडक्ट्स रखें जो किसी और के पास न हों

अगर आपके रिटेलर्स को वही माल सूरत में मिल सकता है, तो वे सूरत से खरीदेंगे। लेकिन अगर वह सिर्फ आपसे मिल सकता है, तो उनके पास कोई और ऑप्शन नहीं होगा।

कैसे करें?

- **मोनोपॉली वेंडर्स के साथ डील करें** ताकि आपको एक्सक्लूसिव स्टॉक मिले।
- **लिमिटेड-एडिशन कलेक्शन** रखें, जो हर जगह न मिलें।
- **कस्टम डिज़ाइन उपलब्ध कराएं**, ताकि कुछ रिटेलर्स को खास डिज़ाइन मिलें।

उदाहरण:

एक होलसेलर प्रीमियम एंब्रॉइडरी फैब्रिक बेचता है, जो केवल उसके पास उपलब्ध है। रिटेलर्स उसके पास ही वापस आते हैं क्योंकि यह डिज़ाइन सूरत में नहीं मिलता। इस तरह, होलसेलर ने एक मजबूत USP बना लिया है जो उसे सूरत से अलग करता है।

सबक: ऐसा माल स्टॉक करें, जिसे रिटेलर्स सिर्फ आपसे ही खरीद सकें।

स्टेप 2: सिर्फ माल बेचने वाले नहीं, बिजनेस पार्टनर बनें

रिटेलर्स को सिर्फ सप्लायर नहीं चाहिए—उन्हें कोई ऐसा चाहिए जो उनके बिजनेस को आगे बढ़ाने में मदद करे और उनके लिए काम करे।

कैसे करें?

- **WhatsApp पर ट्रेंड अपडेट भेजें**, जिससे रिटेलर्स को सही स्टॉक चुनने में मदद मिले। यह दिखाता है कि आप उनके बिजनेस के बारे में सोचते हैं।
- **पर्सनलाइज़्ड स्टॉक सजेशन दें**, जो उनके सेल्स पैटर्न पर आधारित हो। ये सुझाव रिटेलर्स के लिए सटीक और उपयोगी होंगे।

इंवेंटरी प्लानिंग में मदद करें, ताकि वे ज्यादा या कम स्टॉक न रखें। यह उन्हें सही समय पर सही प्रोडक्ट्स लेने में मदद करेगा, जिससे उनका स्टॉक मैनेजमेंट और प्रोफिट बढ़ेगा।

उदाहरण:

एक होलसेलर अपने रिटेलर्स को यह समझाने में मदद करता है कि इस वेडिंग सीजन में कौन-से रंग और फैब्रिक ट्रेंड में रहेंगे। रिटेलर्स इस सलाह को पसंद करते हैं और उसी से खरीदते हैं।

सबक: अगर आप उनके बिजनेस को आसान बना देंगे, तो वे आपको छोड़ेंगे नहीं।

स्टेप 3: तेज़ और भरोसेमंद डिलीवरी सुनिश्चित करें

रिटेलर्स का पैसा तभी बनता है जब माल समय पर आता है। अगर आप फास्ट और गारंटीड डिलीवरी देंगे, तो वे आपको ही चुनेंगे।

कैसे करें?

- **सेम-डे डिस्पैच की सुविधा दें** उन ऑर्डर्स के लिए जो दोपहर से पहले आते हैं।
- **WhatsApp के जरिए रियल-टाइम ट्रैकिंग दें।**
- **स्पष्ट रिटर्न/एक्सचेंज पॉलिसी रखें**, जिससे रिटेलर्स को भरोसा मिले।

उदाहरण:

एक होलसेलर "Order Today, Dispatch Today" का वादा करता है। रिटेलर्स उसकी सप्लाई चेन पर भरोसा करते हैं और उसे सूरत से ज्यादा प्राथमिकता देते हैं।

सबक: स्पीड + भरोसा = ज्यादा बिजनेस।

केस स्टडी: पटना के एक रिटेलर की गलती, जो उसका त्योहार खा गई

पटना के एक मीडियम लेवल के रिटेलर ने दिवाली सीज़न में सीधा सूरत से 60 डिज़ाइन्स का ऑर्डर दिया।

लेकिन उसे सिर्फ 32 डिज़ाइन्स की डिलीवरी मिली, और बाकी के बारे में कोई जानकारी नहीं मिली। कुछ डिज़ाइन्स के बारे में कहा गया कि वे तैयार नहीं हैं, तो कुछ में यह कहा गया, "भेज देंगे।"

जिसके कारण सीज़न की बिक्री की पूरी प्लानिंग ही बिगड़ गई। जब तक वो फिर से अपने पुराने होलसेलर के पास गया, तब तक वह स्टॉक दूसरे रिटेलर्स को बेच चुका था।

जो रिटेलर्स उसी होलसेलर से बार-बार स्टॉक मंगवा रहे थे, उन्होंने उसी के ग्राहकों को भी खींच लिया। कुछ हफ्तों बाद जब बचे हुए डिज़ाइन्स सूरत से आए, तब तक सीज़न लगभग खत्म हो चुका था।

अब वह डिज़ाइन्स डेड स्टॉक बन गए, ना बिके और ना ही लौटाए जा सके, क्योंकि सीधे मैन्युफैक्चरर से लेने पर रिटर्न या सपोर्ट का कोई सिस्टम नहीं होता।

- सूरत का रेट भले ही अच्छा हो, लेकिन सिस्टम और सीज़न दोनों का भरोसा सिर्फ होलसेलर ही देता है।
- सिर्फ सस्ते रेट देखकर फैसला लेना—कभी-कभी महंगा पड़ जाता है।

अध्याय 8

बिज़नेस बढ़ाइए, लेकिन प्राइस वॉर से बचिए

परिचय: प्राइस वॉर में उतरना खुद के पैरों पर कुल्हाड़ी मारने जैसा है

हर होलसेलर चाहता है कि उसका बिज़नेस बढ़े, लेकिन अधिकतर एक खतरनाक जाल में फंस जाते हैं:

ग्राहकों को लुभाने के लिए कीमतें कम करना।

ये शुरुआत में आकर्षक लगता है, लेकिन यही रणनीति धीरे-धीरे आपकी पहचान और प्रॉफिट दोनों को खा जाती है।

लेकिन यह समस्या क्या खड़ी करती है?

- **जो ग्राहक सिर्फ कम कीमत पर खरीदता है, वह कभी लॉयल नहीं रहेगा:** क्योंकि वह दाम से जुड़ा है, रिश्ते से नहीं।
- **हमेशा कोई-न-कोई आपसे सस्ता बेचने को तैयार रहेगा:** आप नीचे गिरते जाएंगे, लेकिन मंज़िल कभी नहीं आएगी।
- **कम दाम = कम मुनाफा = कोई लॉन्ग-टर्म ग्रोथ नहीं:** जब मार्जिन ही नहीं रहेगा, तो मार्केट में टिके कैसे रहेंगे?

अगर आपका एकमात्र प्लान "सबसे सस्ता माल देना" है, तो आपका बिज़नेस खतरे में है।

लेकिन अच्छी खबर यह है:

- रिटेलर्स सिर्फ सस्ते दाम पर नहीं खरीदते।
- अगर आप उन्हें सही वैल्यू देंगे, तो वे आपसे महंगे दाम पर भी खरीदेंगे।
- बिज़नेस बढ़ाने की असली कुंजी कम प्राइस नहीं, बल्कि ज्यादा वैल्यू देना है।

इस अध्याय में आप सीखेंगे:

- प्राइस वॉर आपके बिज़नेस को कैसे बर्बाद कर सकता है।
- बिना प्राइस वॉर में उतरे, अपने बिज़नेस को कैसे बढ़ाएं।
- कैसे रिटेलर्स को आपसे महंगे दाम पर भी खरीदने के लिए तैयार करें।

1. प्राइस पर कम्पटीशन करने से आपका बिज़नेस क्यों खत्म हो सकता है?

1.1 सस्ते दाम देने का नुकसान

शुरुआत में कम कीमत देना ठीक लगता है, लेकिन यह धीरे-धीरे आपके बिज़नेस को खत्म कर सकता है।

क्या होता है जब आप सिर्फ सस्ते दाम देने पर फोकस करते हैं?

- आपका मार्जिन कम होता जाता है → हर ऑर्डर में कमाई घटती है।

  कमाई कम होने का मतलब होता है – मार्केटिंग, टीम, और इनोवेशन में कटौती। यानी ग्रोथ पर ब्रेक।
- रिटेलर्स और भी कम कीमत मांगते रहते हैं → उनकी उम्मीदें बढ़ती जाती हैं।

  जब आप एक बार झुकते हैं, तो अगली बार रेट और भी कम करने का दबाव बनता है। यह एक ऐसा स्लोप है जो नीचे ही जाता है।

- आप सिर्फ **"कम दाम वाले ग्राहकों"** को आकर्षित करते हैं □ जो कभी लॉयल नहीं बनते।

  ये ग्राहक सिर्फ ऑफर्स और डिस्काउंट्स के पीछे भागते हैं, भरोसे के पीछे नहीं।

  उदाहरण:

  एक होलसेलर ज्यादा बिक्री के लिए दाम कम करता है। कुछ महीने तक बिक्री बढ़ती है, लेकिन फिर रिटेलर्स और कम दाम मांगने लगते हैं। जब कोई दूसरा सप्लायर और सस्ता बेचता है, तो ग्राहक वहां चले जाते हैं।

  नतीजा: बिक्री बढ़ी, लेकिन मुनाफा खत्म!

  सबक: अगर कीमत ही आपका एकमात्र फायदा है, तो आप हमेशा मुश्किल में रहेंगे।

1.2 रिटेलर्स महंगे दाम पर भी खरीदने के लिए क्यों तैयार होते हैं?

रिटेलर्स सिर्फ सस्ता माल नहीं चाहते—वे ऐसा माल चाहते हैं, जो जल्दी बिके और ज्यादा मुनाफा दे।

रिटेलर्स असल में क्या चाहते हैं?

- **तेज़ी से बिकने वाला माल** – क्या यह स्टॉक जल्दी खत्म होगा?
- **भरोसेमंद सप्लायर** – क्या डिलीवरी समय पर होगी?
- **एक्सक्लूसिव डिज़ाइन** – क्या मैं कुछ ऐसा बेच सकता हूँ जो बाकी नहीं बेच रहे?

उदाहरण:

एक होलसेलर कढ़ाई वाले कुर्ते बेचता है, जो सूरत से ₹20 महंगे हैं। लेकिन उसके रिटेलर्स फिर भी उससे खरीदते हैं क्योंकि ये डिज़ाइन जल्दी बिकते हैं और ज्यादा प्रॉफिट देते हैं।

सबक: रिटेलर्स एक्सक्लूसिविटी, भरोसे और ज्यादा कमाई के लिए ज्यादा पैसे देने को तैयार होते हैं। यह सिर्फ प्रोडक्ट का खेल नहीं, परफॉर्मेंस का भी खेल है।

2. बिना प्राइस वॉर में उतरे बिज़नेस को बढ़ाने की स्मार्ट स्ट्रेटजी

स्टेप 1: सिर्फ कपड़ा नहीं, वैल्यू बेचें

रिटेलर्स सिर्फ फैब्रिक नहीं खरीदते—वे भरोसा, एक्सपर्टीज़ और एक्सक्लूसिविटी खरीदते हैं।

कैसे करें?

- **एक्सक्लूसिव डिज़ाइन** रखें, जो मार्केट में कम मिलते हों।
- **रिटेलर्स को बिज़नेस सपोर्ट दें**: ट्रेंड अपडेट्स, स्टॉक मैनेजमेंट सलाह।
- **लॉयल ग्राहकों को प्राथमिकता दें**: सबसे तेज़ डिलीवरी और सबसे अच्छी सर्विस।

उदाहरण:

एक होलसेलर अपने ग्राहकों को हर हफ्ते ट्रेंड रिपोर्ट और बेस्ट-सेलिंग डिज़ाइनों की जानकारी देता है। भले ही उसके दाम थोड़े ज्यादा हों, लेकिन ग्राहक उसे छोड़ते नहीं हैं।

सबक: रिटेलर्स उन्हीं सप्लायर्स को चुनते हैं जो उनके बिज़नेस को आगे बढ़ाने में मदद करें।

स्टेप 2: हाई-मार्जिन और फास्ट-सेलिंग प्रोडक्ट्स पर फोकस करें

जो प्रोडक्ट सबसे तेज़ बिकता है और सबसे ज्यादा मुनाफा देता है, उसी पर ध्यान दें।

कैसे करें?

- अपने सबसे ज्यादा बिकने वाले और सबसे ज्यादा प्रॉफिट वाले आइटम पहचानें।
- ऐसे प्रोडक्ट हटाएं जो धीरे बिकते हैं और प्राइस कम्पटीशन बढ़ाते हैं।
- ऐसी पहचान बनाएं कि आपके पास सिर्फ बेस्ट-सेलिंग स्टॉक ही हो।

उदाहरण:

एक होलसेलर जो ब्राइडल लहंगों पर फोकस करता है, वह सिंथेटिक साड़ियों से 3X ज्यादा मुनाफा कमाता है। क्यों? क्योंकि उसके ग्राहक यूनिक डिज़ाइन और एक्सक्लूसिविटी की कीमत चुकाने को तैयार हैं।

सबक: अगर प्रोडक्ट सही होगा, तो कीमत मायने नहीं रखेगी।

स्टेप 3: एक्सक्लूसिव वेंडर्स के साथ काम करें

अगर कोई प्रोडक्ट सिर्फ आपसे ही मिलेगा, तो रिटेलर्स आपसे ही खरीदेंगे।

कैसे करें?

- मोनोपॉली वेंडर्स के साथ काम करें, ताकि आपका स्टॉक कहीं और न मिले।
- लिमिटेड एडिशन कलेक्शन लाएं, जिससे रिटेलर्स को खास महसूस हो।
- कुछ डिज़ाइनों को खास रिटेलर्स के लिए कस्टमाइज करें।

उदाहरण:

एक होलसेलर एक खास बनारसी फैब्रिक बेचता है, जो सिर्फ उसके पास है। उसके रिटेलर्स उसे कभी नहीं छोड़ते, क्योंकि उन्हें वही डिज़ाइन कहीं और नहीं मिलता।

सबक: एक्सक्लूसिविटी = कोई प्राइस वॉर नहीं।

अंतिम विचार: कीमत नहीं, वैल्यू से ग्रोथ करें

कम कीमत में कम्पटीशन करना खुद को डुबाने जैसा है। ज्यादा वैल्यू देना ही असली ग्रोथ का फॉर्मूला है।

- जो ग्राहक सिर्फ सस्ते दाम के लिए आता है, वह हमेशा अस्थायी होता है।
- बिज़नेस बढ़ाने का मतलब ज्यादा बेचना नहीं, बल्कि बेहतर बेचना है।
- रिटेलर्स ज्यादा तभी चुकाएंगे जब वे आप पर भरोसा करेंगे और आपको वैल्यू देंगे।

अगर आप सही स्ट्रेटजी अपनाते हैं, तो प्राइस मायने नहीं रखेगी और आपका बिज़नेस तेजी से बढ़ेगा।

अध्याय 9

मार्केट में अपना दबदबा बनाएँ और लॉन्ग-टर्म वेल्थ क्रिएट करें

परिचय: शॉर्ट-टर्म सफलता और लॉन्ग-टर्म मार्केट डोमिनेशन में फर्क

हर होलसेलर चाहता है कि उसका बिज़नेस बढ़े, लेकिन असली सवाल यह है:

- क्या आप सिर्फ अभी की सेल बढ़ाना चाहते हैं, या अपने मार्केट पर कब्ज़ा जमाना चाहते हैं?
- क्या आप रोज़ाना प्रोडक्ट बेच रहे हैं, या अपने बिज़नेस को इतना मजबूत बना रहे हैं कि रिटेलर्स सिर्फ आपसे ही खरीदें?
- क्या आप सिर्फ प्राइस पर कम्पटीशन कर रहे हैं, या अपना खुद का एक ब्रांड बना रहे हैं?

सबसे बड़ी गलती जो ज़्यादातर होलसेलर्स करते हैं:

- वे सिर्फ शॉर्ट-टर्म प्रॉफिट पर ध्यान देते हैं और फ्यूचर डोमिनेशन की स्ट्रेटजी नहीं बनाते।
- वे बस दूसरों से सस्ता बेचने की कोशिश करते हैं, जिससे उनका मार्जिन और ब्रांड वैल्यू कम हो जाती है।

- वे अपने बिज़नेस को सिस्टमेटिक तरीके से स्केल नहीं करते, जिससे वे बड़े लेवल पर फेल हो जाते हैं।

लेकिन जो होलसेलर्स मार्केट में राज करते हैं, वे कुछ अलग करते हैं:

- वे प्राइस वॉर में नहीं फंसते, बल्कि अपना एक अलग ब्रांड बनाते हैं।
- वे सिर्फ प्रोडक्ट नहीं बेचते, वे भरोसा और एक्सक्लूसिविटी बेचते हैं।
- वे ऐसे कदम उठाते हैं कि रिटेलर्स को उन पर निर्भर रहना पड़ता है।

इस अध्याय में आप सीखेंगे:

- वो गलतियाँ जो होलसेलर्स को मार्केट लीडर बनने से रोकती हैं।
- अपने मार्केट में #1 बनने की 5 दमदार स्ट्रेटजी।
- कैसे आप अपने बिज़नेस को लॉन्ग-टर्म वेल्थ मशीन में बदल सकते हैं।

1. क्यों ज़्यादातर होलसेलर्स मार्केट में अपनी पकड़ नहीं बना पाते?

1.1 सबसे बड़ी गलतियाँ जो ग्रोथ रोकती हैं

ज़्यादातर होलसेलर्स इसलिए फेल होते हैं क्योंकि वे सिर्फ शॉर्ट-टर्म फोकस रखते हैं।

होलसेलर्स की आम गलतियाँ:

- **शॉर्ट-टर्म सोच**: वे बस आज की बिक्री पर ध्यान देते हैं, भविष्य की प्लानिंग नहीं करते।
- **कोई यूनिक सेलिंग पॉइंट नहीं**: वे वही माल बेचते हैं, जो बाकी होलसेलर्स भी बेच रहे हैं।
- **सिर्फ कीमत पर कम्पटीशन**: वे वैल्यू बढ़ाने के बजाय दाम घटाते रहते हैं।

- **ब्रांडिंग और ट्रस्ट पर ध्यान नहीं देते**: रिटेलर्स उन्हें मार्केट लीडर नहीं मानते।

उदाहरण:

एक होलसेलर वही प्रोडक्ट बेच रहा है, जो 10 और लोग उसी मार्केट में बेच रहे हैं। रिटेलर्स उसे किसी खास नजर से नहीं देखते और बार-बार सप्लायर बदलते रहते हैं।

सबक: अगर आपका बिज़नेस भीड़ में खो जाता है, तो आप कभी मार्केट लीडर नहीं बन पाएंगे।

1.2 कुछ होलसेलर्स कैसे मार्केट लीडर बन जाते हैं जबकि बाकी संघर्ष करते हैं?

जो होलसेलर्स अपने मार्केट पर राज करते हैं, वे सिर्फ बेचते नहीं, वे एक मोनोपॉली (एकाधिकार) बनाते हैं।

एक मार्केट लीडर बनने के लिए क्या ज़रूरी है?

- **एक्सक्लूसिविटी**: वे कुछ ऐसा बेचते हैं, जो सिर्फ उन्हीं के पास मिलता है।
- **ट्रस्ट और विश्वसनीयता**: उनके ग्राहक जानते हैं कि उन्हें हमेशा बेस्ट सर्विस मिलेगी।
- **ब्रांड पावर**: उनके नाम का मतलब ही क्वालिटी और वैल्यू बन जाता है।
- **लॉयल रिटेलर्स**: वे बार-बार उन्हीं से खरीदते हैं और कहीं और नहीं जाते।

उदाहरण:

एक होलसेलर सिर्फ मोनोपॉली वेंडर्स के साथ काम करता है और कुछ डिज़ाइनों को एक्सक्लूसिव रखता है। उसके रिटेलर्स जानते हैं कि ये माल कहीं और नहीं मिलेगा, इसलिए वे हमेशा उसी से खरीदते हैं।

सबक: अगर आपके बिना रिटेलर्स का काम नहीं चलेगा, तो आप पहले ही जीत चुके हैं। कुल मिलाकर, जब रिटेलर्स आपको 'अवॉयड' नहीं कर सकते, तब आप वाकई में बिज़नेस के राजा हैं।

2. अपने मार्केट में #1 बनने की 5-पॉइंट स्ट्रेटजी

स्टेप 1: एक दमदार और अनोखा USP (Unique Selling Proposition) बनाएं

अगर आपके प्रोडक्ट हर जगह मिल सकते हैं, तो ग्राहक आपसे क्यों खरीदेंगे?

कैसे करें?

- ऐसा स्टॉक रखें, जो किसी और के पास न हो।
- फास्ट-सेलिंग डिज़ाइनों पर फोकस करें, जो जल्दी बिकते हैं।
- ऐसी सर्विस दें, जो दूसरों से बेहतर हो।

उदाहरण:

एक होलसेलर एक फैक्ट्री से डील करता है ताकि कुछ खास एंब्रॉइडरी फैब्रिक्स सिर्फ वही बेच सके। अब, रिटेलर्स को उसे ही चुनना पड़ता है।

सबक: अगर आप कम्पयेर नहीं किए जा सकते, तो आप सबसे आगे हैं। कभी न भूलें – यूनिक होने का मतलब सिर्फ "अलग" नहीं, बल्कि "बेहतर" भी होना चाहिए।

स्टेप 2: अपने नाम को एक ब्रांड बनाएं

रिटेलर्स उन्हीं ब्रांड्स से खरीदते हैं, जिन पर वे भरोसा कर सकते हैं।

कैसे करें?

- रिटेलर्स को इंडस्ट्री ट्रेंड्स, बिज़नेस टिप्स और नई जानकारी दें।
- WhatsApp, YouTube, या सोशल मीडिया पर रेगुलर अपडेट दें।
- खुद को अपने मार्केट में "ट्रेंड एक्सपर्ट" बनाएं।

उदाहरण:

एक होलसेलर हर हफ्ते "सबसे तेजी से बिकने वाले ट्रेंड्स" पर वीडियो पोस्ट करता है। धीरे-धीरे, रिटेलर्स उसे एक इंडस्ट्री एक्सपर्ट की तरह देखने लगते हैं।

सबक: अगर ग्राहक आपको एक्सपर्ट मानते हैं, तो वे आपको कभी नहीं छोड़ेंगे।

स्टेप 3: एक मजबूत लॉयल्टी प्रोग्राम बनाएं

लॉयल ग्राहक = स्टेबल बिज़नेस।

कैसे करें?

- रेगुलर खरीदने वालों को खास ऑफर और छूट दें।
- "गोल्ड रिटेलर प्रोग्राम" बनाएं, जिसमें बड़े ग्राहकों को विशेष लाभ मिले।
- ग्राहकों को ऐसा महसूस कराएं कि वे VIP हैं।

उदाहरण:

एक होलसेलर ₹5 लाख से ज़्यादा खरीदने वालों को 5% अतिरिक्त डिस्काउंट देता है और उन्हें नए स्टॉक की पहली एक्सेस देता है।

सबक: अगर ग्राहक आपको छोड़ नहीं सकते, तो आप मार्केट लीडर हैं।

सीख रिटेलर्स के लिए – अगर आप सुनने को तैयार हैं

यह किताब होलसेलर्स के लिए लिखी गई है, लेकिन रिटेलर्स भी इस दौर में बहुत कुछ झेल और सीख रहे हैं। जो रिटेलर्स ज़मीन से जुड़े हुए हैं, जो ट्रेंड्स समझते हैं और समझदारी से फैसले लेते हैं, वे आगे बढ़ रहे हैं। वहीं, जो सिर्फ "सस्ता कहां मिल रहा है" के पीछे भागते हैं, वे धीरे-धीरे अपने कस्टमर्स और विश्वास दोनों को खोते जा रहे हैं।

यहाँ तीन छोटे रिटेलर्स की असली कहानियाँ हैं—जिनमें से एक ने बहुत कुछ सीखा, जबकि बाकी दो रिटेलर्स अभी भी भुगत रहे हैं:

कहानी 1: जब ग्राहक पूछते रह गए और स्टॉक सूरत में अटका रह गया

पटना के एक रिटेलर ने गर्मी के सीज़न के लिए सूरत से "लिनन स्टाइल सूट्स" मंगवाए थे। उसने कुल 40 डिज़ाइन्स की लिस्ट बनाई, लेकिन जब सीज़न शुरू हुआ, तो डिलीवरी सिर्फ 19 डिज़ाइन्स की आई। ग्राहक बार-बार नई डिज़ाइनों की डिमांड करते रहे, लेकिन उसके पास ना नया माल था और ना ही समय पर सप्लाई।

ग्राहकों ने, जो सालों से उससे खरीदारी करते थे, इस बार उसके सामने वाली दुकान से खरीदारी की। वह रिटेलर जल्दी से नए डिज़ाइन्स

मंगवाने में सफल नहीं हो पाया, और सीज़न खत्म हो गया। जो माल बच गया, वो अब "डेड स्टॉक" बन चुका था—ना बिक पाया, ना लौटाया जा सका।

सीख: "सस्ता मिला" सोचकर लिया गया फैसला, उसे सीज़न में बहुत महंगा पड़ गया।

कहानी 2: जब समझदारी से चुना गया माल, बना रीपीट ऑर्डर का रास्ता

दूसरे रिटेलर ने अपने होलसेलर से पूछा, "इस सीज़न में क्या चलेगा?" उसे गाइडेंस मिली कि कौन से फैब्रिक और कलर कॉम्बिनेशन की डिमांड चल रही है। इस रिटेलर ने बड़े पैमाने पर माल नहीं लिया, बल्कि जो डिज़ाइन्स बिके, वही धीरे-धीरे फिर से मंगवाए।

तीन बार रीपीट ऑर्डर होने से उसके कस्टमर्स को वैरायटी भी मिली और फ्रेशनेस भी। अब वो स्टॉक कभी दुकान में फंसा नहीं।

उस रिटेलर को कस्टमर आज भी कहते हैं, "भैया के पास सब नया होता है।"

सीख: सही सिस्टम अपनाया जाए, तो रिटेलर भी होलसेलर जितना बढ़ सकता है।

कहानी 3: जो डिज़ाइन व्हाट्सएप पर हिट थे, वही दुकान में डेड हो गए

तीसरे रिटेलर ने व्हाट्सएप ग्रुप्स पर ट्रेंडिंग डिज़ाइन्स की फोटो देखी और सोचा, यही डिज़ाइन अच्छे से बिकेंगे। बिना किसी लोकल एनालिसिस के, उसने सूरत से उसी डिज़ाइन का माल बड़े पैमाने पर मंगवा लिया।

लेकिन जब कस्टमर दुकान पर आया, तो उसने कहा, "यह तो सब जगह दिख रहा है... कुछ नया है?" वह डिज़ाइन, जो व्हाट्सएप पर वायरल हो रहे थे, अब दुकानों में बोरिंग लगने लगे। रिटेलर ने अब समझा कि जो डिज़ाइन वायरल हो, जरूरी नहीं कि वो लोकल मार्केट में बिके। अब वह हर सीज़न से पहले ट्रायल करता है और फिर धीरे-धीरे ऑर्डर बढ़ाता है।

सीख: नकल मत करो, समझो। हर मार्केट का टेस्ट अलग होता है—सिर्फ दिखावे से फैसला नहीं लेना चाहिए।

संदेश दोनों के लिए है:

रिटेलर और होलसेलर दोनों को एक-दूसरे की ज़रूरत है।

सूरत से सिर्फ माल मिलता है—लेकिन सिस्टम, समय पर डिलीवरी और समझदारी होलसेलर से मिलती है।

निष्कर्ष: आज बदलेंगे सोच, कल बदलेगा बिज़नेस

आज के बदलते मार्केट में वही होलसेलर टिकेगा जो खुद को तो बदलेगा साथ ही अपने रिटेलर को भी एक ग्रोथ पार्टनर की तरह साथ लेकर चलेगा। यह किताब सिर्फ समस्याओं को उजागर नहीं करती, बल्कि उनके समाधान भी प्रस्तुत करती है।

अगर आप:

- फास्ट सेलिंग माल चुनना सीख जाएं,
- रिटेलर की असली जरूरतों को समझने लगें,
- और एक ग्रोथ पार्टनर माइंडसेट अपना लें,

तो बाजार में आपकी अलग पहचान बननी तय है।

याद रखिए: रिटेलर को सिर्फ माल नहीं चाहिए, उसे चाहिए एक भरोसेमंद मार्गदर्शक। सिर्फ डिस्काउंट देकर रिश्ता नहीं टिकेगा; आपको असली वैल्यू जोड़नी होगी।

टेक्सटाइल होलसेल बदल रहा है। अगर आप भी बदलेंगे, तो आपका ब्रांड और आपकी वेल्थ दोनों मजबूत बनेंगे। लेकिन अगर आज सोच नहीं बदली, तो आने वाला कल बिजनेस के लिए खतरे से खाली नहीं होगा।

टेक्सटाइल होलसेल का नया भविष्य: आज का एक्शन, कल का डिसीजन

अब रिटेलर के पास हैं:

- डायरेक्ट सूरत सोर्सिंग,
- ऑनलाइन सप्लायर्स,
- और मल्टीपल कंपैरिजन ऑप्शंस।

अगर हम पुराने तरीकों से काम करते रहे, तो धीरे-धीरे मार्केट में हमारा अस्तित्व कम होता जाएगा।

इसलिए अब हर होलसेलर को सिर्फ माल बेचने वाला नहीं, बल्कि एक सच्चा ग्रोथ पार्टनर बनना पड़ेगा।

रिटेलर को:

- सही सलाह देना,
- फास्ट मूविंग डिजाइंस उपलब्ध कराना,
- और समय पर माल डिलीवर करना।

यही आने वाले समय में सफलता की असली कुंजी होगी।

आज ही एक नया कदम लेने और उड़ान भरने के लिए तैयार हो जाइए। अगर आप चाहेंगे तो मैं इस किताब का एक और वर्जन भी बना सकता हूँ, जो थोड़ा और "inspirational" या "authoritative" टोन में हो। अगर आपको एक ऐसा वर्जन भी चाहिए तो आप मुझे मेरी मेल आईडी पर लिख सकते हैं।

केस स्टडी: जब नई सोच आयी, तो बिज़नेस फिर से चमक उठा

एक बदलाव की कहानी – उत्तर प्रदेश के एक होलसेलर की ज़ुबानी

उत्तर प्रदेश के एक अनुभवी होलसेलर थे। सालों से कपड़ों के व्यापार में थे, लेकिन पिछले कुछ सीज़न से उनके दिल में एक डर घर कर गया था।

रिटेलर्स कम होते जा रहे थे।

पुराने ग्राहक अब सीधे सूरत से माल उठाने लगे थे।

मन में सवाल उठने लगे —

"क्या अब मेरा समय खत्म हो रहा है?"

लेकिन उन्होंने हार नहीं मानी।

एक दिन उन्होंने खुद बैठकर गहराई से सोचा—

"अगर रिटेलर बदल रहा है, तो मुझे भी बदलना होगा... लेकिन अपने उसूलों को छोड़े बिना।"

उन्होंने समझा कि अब व्यापार **मात्रा (क्वांटिटी)** से नहीं, **स्पष्टता (क्लैरिटी)** से चलेगा।

अब वो हर डिज़ाइन सोच-समझकर उठाने लगे।

हर रिटेलर से पूछकर, समझकर, उसके मार्केट को ध्यान में रखकर काम करने लगे।

धीरे-धीरे उन्होंने एक नया सिस्टम खड़ा किया—

- **चयनित डिज़ाइनों की पेशकश (curated selection)**
- **समय पर डिलीवरी (timely service)**
- **नियमित फॉलो-अप्स (active follow-ups)**

आज वही होलसेलर अपने शहर में **सबसे ज़्यादा रिपीट ऑर्डर पाने वाला नाम** बन चुके हैं।

और जब कोई उनसे पूछता है—

"सर, आपने इतना टर्नअराउंड कैसे किया?"

तो वो मुस्कुराकर बस एक ही बात कहते हैं:

"मैंने खुद को नया बना लिया—मार्केट ने खुद-ब-खुद साथ देना शुरू कर दिया।"

अंतिम संदेश

- आपका काम खत्म नहीं हुआ है—आपकी सोच को **नई शुरुआत** चाहिए।
- इस इंडस्ट्री की **सबसे अहम कड़ी होलसेलर** ही है—जो रिटेलर को **समर्थन देता है, ट्रेंड बताता है, और स्टॉक** बचाता है।
- आज के दौर में मार्केट को **समझदार होलसेलर्स** की सबसे ज़्यादा ज़रूरत है—**और आप वही** हैं।

बदलाव डराता है, लेकिन वही सबसे बड़ा मौका भी लेकर आता है।

यह किताब खत्म हुई, लेकिन आपकी सफलता की शुरुआत अब होती है!

बोनस अध्याय

जो देखा, जहां सीखा – बाज़ार की 5 कहानियां

बाज़ार सिर्फ एक जगह नहीं है जहां माल बिकता है — ये वो जगह है जहां हर रोज़ कुछ न कुछ सिखने को मिलता है।

हर ऑर्डर, हर सीज़न, हर सौदा... कोई न कोई सीख देकर ही जाता है।

ये कुछ असली किस्से हैं, जो हमने अपनी आंखों से देखे, अपने कानों से सुने और दिल से समझे।

इनमें ना कोई दिखावा है, ना कोई स्क्रिप्ट—बस अनुभव से निकली हुई सच्ची सीख।

1. बहुत तेज़ बिकने वाला माल, बहुत जल्दी भी रुक सकता है

एक होलसेलर ने विचित्रा फैब्रिक का भारी स्टॉक भर लिया—डिमांड इतनी थी कि लगा, अब तो सालभर इसी का बोलबाला रहेगा। लेकिन दो हफ्ते में ही बाज़ार का मूड बदल गया। अब वही स्टॉक गोडाउन में धूल खा रहा है।

सीख: ट्रेंड को फॉलो करना चाहिए, लेकिन आंख मूंदकर भरोसा नहीं करना चाहिए।

2. ग्राहक की भाषा समझो, नहीं तो रिश्ता टूट जाएगा

एक होलसेलर हर बार अंग्रेज़ी शब्दों में समझाता था—फैब्रिक, कट्स, सिल्हूट्स...

एक दिन उसका एक टियर 3 शहर का रिटेलर बोला—"सर, मुझे समझ नहीं आता। आप सीधा बताओ—बिकता क्या है?"

सीख: ज्ञान दिखाने से ज़्यादा ज़रूरी है ग्राहक की ज़रूरत को उसकी भाषा में समझाना।

3. डिज़ाइन वायरल होने से नहीं, बाजार में फिट होने से बिकता है

एक रिटेलर ने व्हाट्सऐप से वायरल डिज़ाइन्स उठा लिए।

लेकिन ग्राहक ने दुकान पर कहा—

"ये तो हर दुकान में दिख रहा है। कुछ अलग दिखाओ।"

सारा माल डेड स्टॉक बन गया।

सीख: हर वायरल चीज़, हर बाज़ार में फिट नहीं होती।

4. सिर्फ पुराने रिश्ते से भरोसा नहीं बनता, रोज़ निभाना पड़ता है

एक होलसेलर ने सोचा—"ये मेरा रेगुलर क्लाइंट है, खुद आ जाएगा।"

लेकिन वह क्लाइंट धीरे-धीरे सूरत शिफ्ट हो गया, क्योंकि वहां का दूसरा होलसेलर उसे रोज़ नए डिज़ाइनों की जानकारी देता था।

सीख: बाजार वफादारी नहीं, ताज़गी और सक्रियता मांगता है।

5. बहुत बार 'सही समय पर मिला सुझाव' लाखों का नुकसान बचा लेता है

एक होलसेलर को एक नया भारी एंब्रॉयडरी वाली रेड साड़ियों का नया कलेक्शन लॉन्च करना था।

ट्रेंड देखकर फैसला कर लिया गया था—स्टॉक तैयार था, और डिस्पैच का आर्डर भी लगने वाला था।

लेकिन एक अनुभवी व्यक्ति ने सलाह दी—

"सर, अभी मार्केट में हल्का काफी चल रहा है, भारी नहीं। शादी-लगन के सीज़न तक 2–3 हफ्ते रुक जाइए, तब ही लॉन्च कीजिए।"

उसने सलाह मानी और थोड़ा रुक गया।

दो हफ्ते बाद शादी का मौसम आया और वही रेड साड़ियां हाथों-हाथ बिक गईं।

ना सिर्फ स्टॉक खत्म हुआ, बल्कि रिपीट ऑर्डर भी आए।

सीख: अगर आप बाजार के संकेत और समय को समझ जाएं, तो थोड़ा इंतज़ार भी बड़ा फ़ायदा दे सकता है।

अंत में बात सीधी है

जो बाज़ार की सुनता है, वही उसमें टिकता है।

और जो हर दिन कुछ नया सीखता है, वही एक दिन दूसरों को सिखाने लायक बनता है।

अपेंडिक्स: अंतिम एक्शन प्लान

1. **सिर्फ प्राइस नहीं, सर्विस और ग्रोथ भी दें:**

   रिटेलर को केवल सस्ता माल नहीं चाहिए, उन्हें बेहतरीन सर्विस और बिजनेस ग्रोथ का वादा भी चाहिए। भरोसा वहीं बनता है जहां सपोर्ट मिलता है।

2. **फास्ट सेलिंग माल का चुनाव सीखें:**

   हर कलेक्शन में लेटेस्ट और ट्रेंडिंग डिजाइनों को शामिल करना बेहद जरूरी है। तेज़ी से बिकने वाला माल ही बाजार में आपको बनाए रखेगा।

3. **डेड स्टॉक से बचने के लिए ऑर्डरिंग सिस्टम बनाएं:**

   बिना प्लानिंग के ओवर स्टॉकिंग से बचें। एक मजबूत ऑर्डरिंग सिस्टम आपके बिज़नेस को चुस्त-दुरुस्त रखेगा।

4. **इमोशनल कनेक्ट और बिजनेस ग्रोथ साथ बढ़ाएं:**

   रिटेलर से केवल लेन-देन का नहीं, बल्कि दिल से जुड़ाव का रिश्ता बनाइए। जब उनका बिजनेस बढ़ेगा, आपका भी अपने आप बढ़ेगा।

5. **निरंतर फॉलो-अप और तेज़ रिस्पांस दें:**

   खासतौर पर सीजन के समय तेज़ सपोर्ट और तुरंत रिस्पॉन्स देना ही असली वफादारी का आधार बनता है।

6. **अपनी यूनीक सेलिंग प्रपोजिशन (USP) बनाइए:**

   भीड़ में अलग दिखने के लिए अपनी एक अलग पहचान और स्पेशलिटी तैयार करें। यही मार्केट में आपकी लॉन्ग टर्म वैल्यू बनाएगा।

7. **हर सीजन में फीडबैक लीजिए और सिस्टम अपग्रेड करते रहिए:**

   रिटेलर से नियमित फीडबैक लें, उसे अपनाएं और अपने सिस्टम को लगातार सुधारते रहें। जो बदलेगा वही आगे बढ़ेगा।

कुछ कहना हो तो बेहिचक लिखिए!

अगर आपको यह किताब पसंद आई हो या इससे आपके व्यवसाय, सोच या जीवन में ज़रा भी सकारात्मक बदलाव आया हो, तो मुझे आपके विचार जानकर बेहद ख़ुशी होगी।

चाहे आपके मन में कोई सवाल हो, सुझाव हो या किसी टॉपिक पर विस्तार से बात करने की इच्छा, आप निःसंकोच मुझे मेरी ईमेल आईडी पर लिख सकते हैं:

Vivek.Narnolia@gmail.com

साथ ही, अगर आप और भी अपडेट्स चाहते हैं या मुझसे जुड़े रहना चाहते हैं, तो नीचे दिए गए QR कोड को स्कैन करें

व मेरे इंस्टाग्राम चैनल @vivek_kaa_vivek को फॉलो कर लें।

अगर आपको यह किताब उपयोगी लगी हो, तो हमें ज़रूर बताएं और इसे दूसरे होलसेलर्स तक पहुँचाएं!

Vivek Narnolia

Textile Entrepreneur